# Ich will aber...!

## Herausfordernde Kinder liebevoll durch die Trotzphase begleiten

Elisabeth Reichlmair

1. Auflage 2020

# Inhaltsverzeichnis

# Liebe Eltern, Erziehungsberechtigte und Erzieher

*„Die Beziehung zu einem Kind*
*ist keine Einbahnstraße.*
*Das Kind soll nicht nur das*
*entgegennehmen,*
*was wir ihm geben wollen.*
*Wir müssen auch bereit sein,*
*das entgegenzunehmen,*
*was unsere Kinder uns geben.“*

Jesper Juul

Was sagt dieses Zitat nun für dich aus?
Was hältst du davon?
Bist du der gleichen Meinung?

Mein Name ist Elisabeth Reichlmair und mich persönlich spricht dieses Zitat sehr an. Der Grund dafür ist, dass ich jeden Tag mit vielen Kindern zu tun

habe und ich immer mehr merke, wie ich von den Kindern lernen darf und doch gleichzeitig eine große Vorbildfunktion habe. Ein Vorbild zu sein ist oft sehr herausfordernd und spannend zugleich. Genau das spreche ich auch im Buchtitel an: „Wie man herausfordernde Kinder liebevoll durch die Autonomiephase begleiten kann.“ Jeder Mensch ist eine Herausforderung für sich.
Damit meine ich, dass wir alle unsere Stärken und Schwächen haben, doch die Autonomiephase ist für uns oft noch „mehr“ Herausforderung als sonst im Alltag.
Das ist natürlich verständlich. Ich weiß selbst wie es ist, wenn das Kind einfach nicht dem nachgehen will, wie man es sich selbst oft vorstellt. Mein Beruf ist es, die Kinder in erster Linie so zu lieben, wie sie sind, einfühlsam auf sie einzugehen, ihre Entwicklung zu beobachten und sie zu unterstützen in den Bereichen, in denen sie Hilfe benötigen.

Meine Ausbildung zur Erzieherin habe ich in Salzburg genossen und bin inzwischen Mama von einem wundervollen Sohn. Ich darf viele Erfahrungen im Bereich der Erziehung sammeln, da sich mein gesamter Alltag darum dreht. Doch ob als Mama oder Pädagogin, eines wird mir von Tag zu Tag mehr bewusst: Ich darf den Kindern sehr viel mitgeben und sie belehren, doch fällt mir immer mehr auf, wie gut es MIR tut, die Liebe der Kinder entgegenzunehmen.

Damit möchte ich dir sagen, dass es nicht darauf ankommt, wie gut dein Kind erzogen ist und wie du es auf perfektem Wege durch die Autonomiephase führen kannst, sondern einfach an den Moment zu denken, als du dein Kind das erste Mal gesehen hast und wie viel es dir seit diesem Zeitpunkt gegeben hat.

Klar hört sich das jetzt leichter an als es ist, wenn dein Kind einen Wutanfall hatte oder du eine Situation durchlebt hast, in der du einfach nur im Erdboden versinken möchtest. Dieser Gedanke soll dir einfach den Alltag und die Situation, in der du gerade steckst, verschönern.

Wir Menschen neigen oft dazu, nur noch negativ zu denken und alles in das schlimme Leben, das wir führen, zu ziehen. Doch du hast ein kleines Wunder vor dir sitzen und diesem Wunder darfst DU helfen, sich in die Selbstständigkeit zu entwickeln.

Also lass uns keine Zeit verlieren und legen wir los. Viel Spaß beim Lesen!

# Das Vorwort

Vielleicht heißt die Trotzphase ja Trotzphase, weil man die Kinder trotz dieser Phase sehr liebt.

Eine der wichtigsten Phasen hat begonnen, und zwar nennt sich diese „Phase“ Trotz- oder Autonomiephase. Übersetzt bedeutet das, dass sich dein Kind ein Stück weit von dir löst und einen eigenen Willen bekommt.
Das ist gut so. Es fängt an, in die Selbständigkeit zu gehen, und möchte lernen, Entscheidungen selbst zu treffen. Wir alle müssen dies im Leben jeden Tag tun, Entscheidungen treffen und unseren Willen durchsetzen, wenn etwas nicht so ist, wie man es sich vorstellt.

Ob schreiend auf dem Boden an der Supermarktkasse, weinend auf dem Spielplatz oder wütend vor der Kita: Wir alle kennen diese Situationen. Entweder in der Hauptrolle als Erziehungsberechtigter, der von Passanten angestarrt wird, oder als Zuschauer eines solchen Szenarios.

Doch sind wir wirklich schlechte Eltern? Machen es die anderen Eltern tatsächlich besser als wir? Stellst du dir vielleicht manchmal auch die Frage, ob nur dein Kind so ist?

Die Trotzphase der Kleinsten ist eine echte Herausforderung und hat nicht nur für die Kinder selbst, sondern auch für die Eltern unterschiedliche Facetten zu bieten. Jeder kommt an sein Grenzen und hat oft keinen Ausweg mehr vor Augen.
Das Kind sieht diesen Ausweg oftmals mit wildem Toben, als Eltern glaubt man, einen Ausweg durch Schreien und Schimpfen zu erreichen. Doch bringt uns das in der Zukunft weiter?

Auch das Umfeld spielt hierbei eine Rolle.
„Bist du in der Erziehung vielleicht überfordert?“
„Mein Kind war in dem Alter nicht so.“
„Vielleicht liegt es an deiner falschen Erziehung.“
„Dein Kind ist aber wirklich von der anstrengenden Sorte.“
„Du lässt deinem Kind einfach zu viel durchgehen, sonst würde es sich so nicht verhalten.“

Hierbei handelt es sich um unangebrachte und meist auch unzutreffende Sätze, mit denen immer mehr Eltern konfrontiert werden. Viele Erziehungsberechtigte mit einem Kind in der Trotzphase fühlen sich einfach falsch verstanden.
Besonders Eltern, für die es das erste Kind ist, stellen sich häufig die Frage: „Habe ich etwas falsch gemacht?“,
„Mache ich zurzeit etwas falsch?“
Oder auch: „Was kann ich tun, damit mein Kind sich besser verhält?“.

Doch es ist egal, ob du dich bereits in der Hauptrolle befindest und verstehen möchtest, was genau die Trotzphase ist und was du aktiv tun kannst, um solche Situationen besser zu händeln, oder ob du dich aktuell noch in der Zuschauerrolle befindest und dich auf die Zukunft vorbereiten möchtest.

In diesem Buch findest du viele wichtige Informationen und nützliche, vor allem aber alltagstauglicheTipps und Tricks, wie du gemeinsam mit deinem süßen „Wut Zwerg“ einen Weg finden kannst, um auch diese Phase zu überstehen.
Dieses Buch ist ein Ratgeber für alle, die sich aktuell nicht zu helfen wissen, die bereit sind, etwas zu verändern und gerne gelassen durch die Trotzphase gehen möchten. Auch für Eltern, die sich schnell überfordert fühlen und rasch die Nerven verlieren, bietet dieses Buch einen echten Mehrwert.

# Der spannende selbstreflektierende Fragebogen

Nimm dir genügend Zeit, diesen Fragebogen auszufüllen.
Anhand deiner Antworten findest du heraus, wo sich dein aktueller Standpunkt befindet.

Hierbei gibt es bei jeder Frage die Möglichkeit, zwischen 1 - 10 Punkte zu vergeben.
-> 1 Punkt bedeutet: Nein, trifft nicht zu.
-> 10 Punkte bedeuten: Ja, trifft voll und ganz zu.

Frage 1:

Fühlst du dich täglich mit deinem Kind in der Trotzphase, überfordert?

| 1 | 2 | 3 | 4 | 5 | 6 | 7 | 8 | 9 | 10 |
|---|---|---|---|---|---|---|---|---|---|
| ☐ | ☐ | ☐ | ☐ | ☐ | ☐ | ☐ | ☐ | ☐ | ☐ |

Frage 2:

Hast du öfter das Gefühl, das du dich von anderen missverstanden fühlst?

| 1 | 2 | 3 | 4 | 5 | 6 | 7 | 8 | 9 | 10 |
|---|---|---|---|---|---|---|---|---|---|
| ☐ | ☐ | ☐ | ☐ | ☐ | ☐ | ☐ | ☐ | ☐ | ☐ |

Frage 3:

Fühlst du dich in manchen Situationen mit deinem „Wut Zwerg“ hilflos?

| 1 | 2 | 3 | 4 | 5 | 6 | 7 | 8 | 9 | 10 |
|---|---|---|---|---|---|---|---|---|---|
| ☐ | ☐ | ☐ | ☐ | ☐ | ☐ | ☐ | ☐ | ☐ | ☐ |

Frage 4:

Hast du das Gefühl, dass du dein Kind manchmal einfach nicht verstehst?

| 1 | 2 | 3 | 4 | 5 | 6 | 7 | 8 | 9 | 10 |
|---|---|---|---|---|---|---|---|---|---|
| ☐ | ☐ | ☐ | ☐ | ☐ | ☐ | ☐ | ☐ | ☐ | ☐ |

Frage 5:

Weißt du, wie du bei einem Wutanfall deines Kindes richtig reagieren kannst?

| 1 | 2 | 3 | 4 | 5 | 6 | 7 | 8 | 9 | 10 |
|---|---|---|---|---|---|---|---|---|---|
| ☐ | ☐ | ☐ | ☐ | ☐ | ☐ | ☐ | ☐ | ☐ | ☐ |

Frage 6:

Hast du manchmal die Sorge, dich mit deinem Kleinkind in die Öffentlichkeit zu begeben, weil du den nächsten Wutausbruch fürchtest?

| 1 | 2 | 3 | 4 | 5 | 6 | 7 | 8 | 9 | 10 |
|---|---|---|---|---|---|---|---|---|---|
| ☐ | ☐ | ☐ | ☐ | ☐ | ☐ | ☐ | ☐ | ☐ | ☐ |

Frage 7:

Weißt du, wo du dir Hilfe suchen kannst, wenn du einen Ratschlag brauchst?

| 1 | 2 | 3 | 4 | 5 | 6 | 7 | 8 | 9 | 10 |
|---|---|---|---|---|---|---|---|---|---|
| ☐ | ☐ | ☐ | ☐ | ☐ | ☐ | ☐ | ☐ | ☐ | ☐ |

Frage 8:

Erfährst du aus deinem privaten Umfeld Unterstützung?

| 1 | 2 | 3 | 4 | 5 | 6 | 7 | 8 | 9 | 10 |
|---|---|---|---|---|---|---|---|---|---|
| ☐ | ☐ | ☐ | ☐ | ☐ | ☐ | ☐ | ☐ | ☐ | ☐ |

Frage 9:

Bist du mit deinem Partner im Bereich der Kindererziehung meistens einer Meinung?

| 1 | 2 | 3 | 4 | 5 | 6 | 7 | 8 | 9 | 10 |
|---|---|---|---|---|---|---|---|---|---|
| ☐ | ☐ | ☐ | ☐ | ☐ | ☐ | ☐ | ☐ | ☐ | ☐ |

Frage 10:

Wünschst du dir, mit Wutanfällen deines Kindes besser umgehen zu können?

| 1 | 2 | 3 | 4 | 5 | 6 | 7 | 8 | 9 | 10 |
|---|---|---|---|---|---|---|---|---|---|
| ☐ | ☐ | ☐ | ☐ | ☐ | ☐ | ☐ | ☐ | ☐ | ☐ |

Dieser Test soll eine Hilfestellung für dich sein, um dich selbst erst einmal zu reflektieren.
Es geht nicht darum, die perfekte Mama oder der perfekte Papa zu sein. Klar, wir streben diesem Ideal oft hinterher, doch wir sind Menschen und jeder Mensch darf Fehler machen. Das Wichtige aber ist an dieser Stelle, aus seinen Fehlern zu lernen. Der Test soll dir eine Unterstützung sein, um überhaupt erst einmal in das Bewusstsein zu kommen, auf das ich in diesem Buch hinführen möchte. Mit Bewusstsein ist gemeint, die Autonomiephase neu zu entdecken und viele Erkenntnisse mit in den Alltag zu nehmen.

Wo befindest du dich?

- Was ist dein Ziel?
- Wie geht es dir mit diesen Fragen?

Setz dich mit dir selbst und mit diesen Fragen in Ruhe auseinander, um so stark zu werden für DICH & DEIN Kind.
Zuerst muss es dir gut gehen, bevor du auf dein Kind eingehen kannst.

# Kleine „Wut Zwerge“ und ihre teilweise überforderten Eltern

Kinder in der Autonomiephase fallen häufig durch lautes Schreien, Beißen, Schlagen oder Kratzen auf. Sie sind die, die scheinbar einfach nicht hören wollen. Mit ihrer impulsiven Art sind sie vielen Menschen einfach „zu viel“ und gelten als besonders anstrengend.

Vor allem in der Trotzphase versuchen Kinder, ihren Willen durchzusetzen und das mit aller Macht. Egal ob sie dafür schreien, beißen oder hauen müssen: Sie versuchen in irgendeiner Weise - egal ob verbal oder körperlich - ihren Willen zu bekommen. Für die Eltern ist dies eine wirkliche Herausforderung, für die Kinder eine immens wichtige Phase.

Diese beginnt ungefähr im Alter von 18 Monaten. Das liegt daran, dass Kinder sich in diesem Alter zum ersten Mal darüber bewusstwerden, dass sie eine eigenständige Person sind, sie eigene Wünsche und Ziele haben und diese auch durchsetzen möchten. Neue Wege, neue Situationen und auch neue Erfahrungen werden von einem Kind wahrgenommen und können es sehr schnell überfordern.

Gibt es in deinem Alltag auch Situationen, wo dein Kind sich überfordert fühlt und ein Wutausbruch die

Folge ist? Sich als Eltern selbst zu hinterfragen und festzustellen, inwieweit wir unser Verhalten anpassen können, um es den Kindern leichter zu machen, ist in der Trotzphase besonders wichtig.

Erinnerst du dich an deine eigene Kindheit?
Wenn gerade deine Lieblingssendung im Fernsehen lief und deine Mutter oder dein Vater einfach den Fernseher ausgemacht haben?
Du wolltest nicht ins Bett, du wolltest unbedingt die Sendung sehen. Und da deine Eltern in deinen Augen einfach nicht verstanden haben, wie wichtig diese Sendung für dich ist, hast du versucht, es ihnen lautstark zu erklären.

Der unbedingte Wille, selbstständiger zu werden, alles ausprobieren zu wollen und dann an die körperlichen oder auch elterlichen Grenzen zu kommen, ist für die Kinder sehr schlimm.[1]
Viel schlimmer tatsächlich, als die meisten Eltern glauben.
Genau solche Situationen haben häufig einen heftigen Wutausbruch zur Folge. Denn wie sie wirklich an ihr Wunschziel kommen, wissen sie in dem Alter noch nicht. Kinder sind vor allem im Alter von 18 Monaten noch überhaupt nicht in der Lage,
unsere „Regeln“ zu verstehen und diese immer genauestens zu befolgen.

---

[1] Quelle: https://www.herder.de/kiga-heute/fachbegriffe/autonomiephase/

Kinder in der Trotzphase sind zwar in der Lage, wahrzunehmen was geschieht, aber sie können Gefühle oder Schmerzen des Gegenübers noch nicht nachempfinden. Und das sollten wir Eltern immer im Hinterkopf haben.

**Ein Beispiel zum leichteren Verständnis:**

Wenn dein Kind dich haut und du mit ihm schimpfst, dann lernt es sehr wohl, dass es eine Reaktion gibt. Es nimmt aber nicht wahr, dass es dir dabei wehgetan hat.
Die Reaktion wird als spannend und neu empfunden. Das Kind fragt sich: „Was passiert, wenn ich Mama noch mal haue?“
Um diese Antwort zu erhalten, wird es dich noch mehrmals hauen. Und die Frage, die man sich als Elternteil stellt, ist häufig: „Ich habe doch Nein und „Aua“ gesagt. Warum haut sie/er mich trotzdem immer weiter? Das Nachvollziehen von Gefühlen ist nicht per se angeboren, sondern muss erst erlernt werden. Im Alter vom zweiten bis zum achten Lebensjahr erleben Kinder ihre eigenen Emotionen besonders intensiv und verhalten sich häufig impulsiv.

Doch nicht nur für die Kinder ist diese „Phase“ wirklich schwierig, auch Eltern haben es nicht leicht. Der Geduldsfaden der Eltern ist meist sehr dünn und genügend Geduld aufzubringen, wird von Wutausbruch zu Wutausbruch schwerer. Jeder

Elternteil, deren Baby oder Kind sie zum ersten Mal beißt, bewusst anspuckt oder haut, ist zunächst einmal schockiert.
Was soll das?
Habe ich mein Kind jetzt schon falsch erzogen?
Wie kann es sein, dass ich alles für mein Kind tue, und trotzdem ist nichts gut genug?
Warum komme ich mit meinem Kind einfach nicht mehr zurecht?
Wie wird mein Kind werden, wenn sich nichts ändert?
Wird sich die Situation verschlimmern, wenn ich nichts unternehme?

Diese Gedanken sind normal und du bist damit nicht alleine. Diese oder ähnliche Fragen stellen sich viele Eltern in derselben Phase, in der du dich aktuell befindest. Aber ja, du liegst mit der Frage, ob es immer schlimmer wird, richtig, denn von alleine wird es nicht besser. Wenn wir es nicht schaffen, unser Kind in der Trotzphase „abzuholen“, beginnt eine negative Spirale für die ganze Familie. Kinder fühlen sich unverstanden und leiden sehr darunter. Die Eltern hingegen kommen an den äußersten Rand ihrer Geduld und fühlen sich häufig hilflos.
Je weiter sich die Kinder von den Eltern entfernen, desto schwieriger wird es, diese Situation zu verbessern. Wenn die Kinder sich von den Eltern unverstanden fühlen und eigentlich gar nicht so recht wissen, was sie falsch gemacht haben, fühlen sie sich häufig ebenfalls hilflos. Viele Kinder weinen dann öfter als normal. Hier sollten sofort die Alarmglocken läuten!

Außerdem schämen sie sich, gewisse Dinge zu sagen oder zu machen, die sie vorher gesagt oder getan haben, aus der Angst heraus, es könnte falsch sein. Zusätzlich fühlen sie sich häufig schuldig. Doch woran sie genau schuld sind und warum Mama oder Papa gerade so böse sind, können sie noch nicht einsortieren. Besonders kontraproduktiv ist es in dieser Situation, wenn Eltern nicht mehr weiterwissen und anfangen, sehr laut zu schreien oder gar das Kind körperlich angehen.

Die Eltern hingegen verstehen nicht, warum das Kind so handelt und warum es nicht begreift, dass es etwas „Falsches" getan hat.
Wir als Eltern denken oft, dass unsere Kinder schon mehr können oder mehr verstehen als es tatsächlich der Fall ist. Das kann daran liegen, dass vor allem in den ersten zwei Lebensjahren jedes Kind einen unglaublichen Sprung macht. Sowohl körperlich als auch physisch entwickeln sich die Kinder in Windeseile.
Wenn das Kind beispielsweise anfängt, die ersten Sätze zu sprechen, und uns eigentlich auch (zumindest gefühlt) versteht, ist es umso unerklärlicher, dass das Kind ausgerechnet in einer solchen Situation auf einmal nicht weiß, wo oben und unten ist. Hieraus kann auch ein dauerhaft gestörtes Verhältnis zu einem oder gar zu beiden Elternteilen entstehen.

Das zu vermeiden sollte unser aller Ziel sein. Dies geht natürlich nicht von heute auf morgen, sondern benötigt Zeit und Geduld, auf zwar auf beiden Seiten.

Eine Mutter-Kind- oder Vater-Kind-Beziehung ist nie wirklich stressfrei, so viel ist klar. Konflikte gehören einfach zu unserem Leben dazu und sollten niemals komplett ausgeblendet werden. Auch wenn es sich hierbei teilweise um starke Auseinandersetzungen zwischen Kindern und Eltern handelt, je besser du dein Kind verstehst und nachvollziehen kannst, warum dein Kind in gewissen Situationen so oder so reagiert und handelt, desto seltener werden die Wutanfälle vorkommen. Außerdem werden Wutanfälle viel leichter kontrollierbar für dich, wenn du dein Kind aus einer solchen Situation „rausholen“ kannst.

Doch wie genau schaffen wir das?
Wie erreichen wir, dass Wutanfälle weniger bzw. besser kontrollierbar für uns werden? Und wie können wir so unseren Kindern aktiv helfen?
Der Schlüssel zum angenehmen Miteinander ist vor allem das Verständnis füreinander.

*Die Bedürfnisse der Kinder zu erkennen und richtig deuten zu können, ist das A und O.*

Hierfür benötigen wir, um den gesamten Veränderungsprozess anstoßen zu können, nützliche Informationen über das Thema Trotzphase.
Als Eltern ist es vor allem wichtig, sich in die Lage des Kindes hineinzuversetzen. Hintergründe zu verstehen, ist das wichtigste Werkzeug, das Eltern besitzen, um an schwierigen Situationen etwas verändern zu können. Doch die Theorie allein reicht nicht aus.
Die Praxis spielt hier ebenfalls eine sehr wichtige Rolle. Denn keine Theorie der Welt kann uns helfen, wenn wir nicht verstehen, wie wir diese auch in unserem Alltag anwenden können.

In diesem Buch erhältst du nämlich nicht nur sehr viele Hintergrundinformationen, die dir verständlich erklären, warum dein Kind in der Trotzphase so ist, wie es ist, warum dein Kind sich so verhält und was du tun kannst, um euer Verhältnis zu verbessern, sondern auch einen spannenden Bonusteil, indem du zusätzlich eine Menge an Tipps und Tricks für den Alltag finden kannst.

Besonders wichtig zu beachten ist, dass jeder Alltag anders verläuft und jeweils individuell gestaltet wird. Mit all den wertvollen Informationen aus diesem Buch schaffst du es ganz leicht, deinen Alltag mit deinem Kind zu bestreiten und vorhandene „Wutanfälle“ besser zu steuern.

So kann ein dauerhaft verbessertes Verhältnis entstehen und die Probleme, die bis dato noch jeden Tag präsent waren, können schon bald der Vergangenheit angehören.

Dieses Buch ist dafür da, dich Stück für Stück zu unterstützen, damit eine dauerhafte Veränderung und vor allem eine dauerhafte Verbesserung stattfinden kann.

# Unterschiedliche Denkprozesse des Kindes und des Erwachsenen

## Das kindliche Gehirn

Was hat die Trotzphase mit dem kindlichen Gehirn zu tun?

Bereits bei der Geburt eines Kindes wird das Gehirn angelegt. Dieses ist in zwei Hälften getrennt. Es ist jedoch alles andere als fertig entwickelt und wird mit der Zeit noch reifen. Auch die Verbindungen zwischen der linken und der rechten Hirnhälfte muss erst noch entstehen. [2]
Wichtig beim kindlichen Gehirn in Bezug auf die Trotzphase ist es, sich das „fühlende Gehirn“ und das „denkende Gehirn“ anzusehen. Kleinkinder sind deutlich unbewusster, intuitiver, und treffen Entscheidungen spontaner als Erwachsene. Das sogenannte „fühlende Gehirn“ des Kindes, spielt hierbei eine besonders große Rolle, da dieses viele Informationen automatisch verarbeiten und gleichzeitig abspeichern kann. Hierdurch ist eine intuitive Nutzung möglich, die dem Kind ermöglicht,

---

[2]Quelle: https://www.kindergartenpaedagogik.de/fachartikel/psychologie/779

vom Bauch heraus direkt zu handeln und Entscheidungen intuitiv zu treffen.
Parallel dazu entwickelt sich das limbische System, das unsere Emotionen reguliert. Es bildet sich aus und macht es dem Kind nicht gerade leicht, die Gefühlsregungen zu unterscheiden. Der Körper probiert aus und da das Kind dem Körper nicht entkommen kann, darf es auch durch diese Phase gehen.
Die Entwicklung der Emotionen beginnt und dein Kind lernt neue Gefühle kennen. Dein Kind reagiert also erst einmal emotional, bevor es rational nachdenken kann bzw. überhaupt schon dazu in der Lage ist.

**Ein Beispiel:**

Das Kind hört von einer Freundin: „Ich habe heute leider keine Zeit mit dir zu spielen.“ Es hört diesen Satz und handelt direkt - entweder durch Weinen oder durch ein „Okay.“
Das Gehirn verarbeitet die Information in Windeseile und es folgt eine direkte Reaktion, über die das Kind nicht nachdenken kann.
Das Gehirn reagiert auch auf bedingungslose Liebe und speichert hier alles ab, da Liebe eben ein Gefühl ist. Kinder, die von ihren Eltern ständig kritisiert werden und diese bedingungslose Liebe nicht spüren, versuchen sie irgendwie zu erlangen. Dies kann im Alter von drei Jahren beginnen und sich durch das ganze Leben ziehen.

Ein Beispiel wäre, dass ein Kind seinen Kopf gegen die Wand schlägt oder sich im fortgeschrittenen Alter durch die besten Schulnoten beweisen will. Im Gehirn wird ein bestimmter Bereich aktiviert, der auch für den körperlichen Schmerz zuständig ist. Die Verarbeitungsprozesse des Hirns sind die gleichen bei sozialer Ablehnung und körperlichem Schmerz dieselben.
Es tut weh, keine Liebe zu erfahren und deshalb ist es umso wichtiger, sein Kind bedingungslos zu lieben. Sich einfach daran zu erinnern und von Tag zu Tag besser zu werden, ist für das Kind ein riesiger Schatz.

Im Gegensatz dazu ist das sogenannte „denkende Gehirn" eines Kindes, vor allem in der frühen Entwicklung, noch weniger ausgeprägt. Das hat zur Folge, dass Kleinkinder nur sehr wenig rational denken und Entscheidungen dementsprechend auch nicht rational treffen können.

## Das erwachsene Gehirn

Das erwachsene Gehirn hingegen sieht deutlich anders aus.
Es ist vollständig ausgebildet und in der Lage, Sinneswahrnehmungen und Verhaltensweisen festzustellen, Informationen zu speichern und auch zu verarbeiten. Außerdem ist es in der Lage, sowohl rationale als auch emotionale Entscheidungen zu treffen. Besonders das „denkende Gehirn" ist bei einem Erwachsenen, im Gegensatz zum kindlichen „denkenden Gehirn“, voll umfänglich entwickelt.
Bei Erwachsenen kommt außerdem die Erfahrung hinzu, denn aufgrund von Erfahrungen wird unsere Entscheidung noch einmal rational beeinflusst. Wenn beispielsweise eine Situation eintrifft, die wir bereits erlebt haben, wissen wir noch genau, wie wir damals reagiert haben.
Dies hat zur Folge, dass Erwachsene nur in wenigen Fällen intuitiv und spontan Entscheidungen treffen. Vielmehr werden Entscheidungen rational mit dem Verstand und nicht mit dem Bauch getroffen.

**Ein Beispiel:**
Ein Freund/in sagt ein Treffen per SMS ab.
Der Erwachsene liest diese Nachricht und fragt sich erst einmal, warum das Treffen wohl abgesagt wurde.
„Wer ist denn heute wichtiger als ich?
“Warum sagt sie/er schon wieder ab?“

„Was mache ich stattdessen heute Abend?", sind Gedanken, die dem Erwachsenen erst einmal durch den Kopf gehen.
Eine direkte Handlung ist so meist nicht möglich. Wir überlegen erst, was wir antworten, bevor wir dies dann schlussendlich auch tun.
Eine spontane und intuitive Reaktion findet meistens nicht statt.

## Unterschiede in der Verhaltensweise zwischen dem kindlichen und dem erwachsenen Gehirn

Das kindliche Gehirn und das erwachsene Gehirn unterscheiden sich vor allem im Handeln, das haben wir bereits festgestellt.
Doch wie sieht das Ganze im Alltag aus? Wie reagiert ein Kind und wie reagiert nun ein Erwachsener in ein und derselben Situation? Um dies besser verstehen zu können, sind Beispiele aus dem alltäglichen Leben nützlich:

### *1. Beispiel: Die Herdplatte*

Die Mutter steht in der Küche mit ihrer Tochter und kocht für die ganze Familie. Sie nimmt den Kochtopf vom Herd, um die Nudeln abzuschütten. Hierbei sieht sie, dass die Herdplatte noch an ist, und hat direkt im

Hinterkopf, dass sie diese ausmachen muss, sich keinesfalls verbrennen darf und aufpassen muss, dass das Kind sich nicht verbrennt.
Das Mädchen Lena (2,5 Jahre) hingegen steht in der Küche neben der Mutter und sieht, wie diese den Kochtopf vom Herd nimmt. Der Herd hat eine schöne rote Farbe und leuchtet so hell. Lena wird neugierig. Sie verspürt direkt und intuitiv das Verlangen, auf die Herdplatte zu fassen. Dass sie sich hierbei schwer verletzen könnte, ist dem Kind gar nicht bewusst, selbst wenn die Eltern es ihr bereits mehrfach erklärt haben.
Häufig setzt das Bewusstsein darüber, dass man eine heiße Herdplatte nicht anfassen darf, erst dann ein, wenn das Kind entweder alt genug ist, um es wirklich zu verstehen, oder selbst die Erfahrung mit einer verbrannten Hand machen musste. Wenn das Kind dann doch irgendwie geschafft hat, auf die heiße Herdplatte zu fassen, erschreckt es sich, schreit oder weint. Dass es sich hierbei so verletzen könnte, hatte es im Vorfeld nicht bedacht. Daher trifft dieser Schmerz das Kind vor allem unvorbereitet. [3]

Die Erwachsenen reagieren nun blitzschnell, trösten das Kind und kühlen dessen Hand unter Wasser ab. Jetzt sollte auf keinen Fall das Kind angeschrien werden!

---

[3] Quelle: https://www.scinexx.de/news/biowissen/gehirn-registriert-seelenpein-wie-echten-schmerz/

Im Anschluss sollte in jedem Fall ein Gespräch stattfinden, das dem Kind noch einmal aufzeigt, warum eine heiße Herdplatte nicht angefasst werden darf und welche sonstigen Gefahrenquellen gemieden werden sollen. Gerade wenn das Kind sich so erschrocken und sogar verletzt hat, ist es sensibel und empfänglich für Warnhinweise.

### *2. Beispiel: Die Jackenwahl*

Mutter und Sohn müssen morgens früh raus in Richtung Kita. Es ist Spätherbst und draußen ist es dementsprechend kalt. Die Mutter entscheidet sich für einen dicken Wintermantel, der gut gefüttert ist, da sie natürlich draußen nicht frieren möchte. Ihr Sohn Jonas hingegen entscheidet sich für seine Regenjacke, weil ihm die Farbe so gut gefällt. Außerdem befindet sich auch ein Emblem seiner Lieblingskindersendung auf dem Ärmel. Die Winterjacke jedoch ist schwarz und enthält keinen solchen Aufnäher. Daher weigert sich Jonas, den dicken Wintermantel anzuziehen, weil er die Regenjacke schöner und spannender findet.
Das Kind entscheidet in der jetzigen „Ist" Situation. Jetzt aktuell findet er die dünne Jacke schöner. Dass die dickere Jacke ihn draußen vor der Kälte schützen würde und er damit nicht frieren müsse, realisiert er nicht.

Weitblick und vorausschauendes Handeln lernt man erst mit der Zeit und durch Erfahrung.

Die Mutter ist natürlich nicht glücklich über die Jackenauswahl des Sohnes und beginnt eine Diskussion. Sie möchte, dass Jonas sich vernünftig anzieht, aber der Junge möchte die Regenjacke anlassen. Der Mutter geht es dann nicht schnell genug und sie versucht, dem Jungen die Regenjacke auszuziehen, um ihm die Winterjacke anzuziehen. Das Kind fühlt sich in dieser Situation völlig überfordert, weiß nicht recht wie ihm geschieht und fängt an zu weinen.
Die Mutter sagt: „Für so was haben wir jetzt keine Zeit, wir müssen los." Jonas weint und schreit, denn in seinen Augen hat er nichts falsch gemacht. Dies ist eine Möglichkeit, wie es zu einem handfesten Wutausbruch eines Trotzkindes kommen kann. Eine Überforderung des Kindes sollte stets vermieden werden. Trotzdem kann der Junge selbstverständlich nicht in der Regenjacke rausgehen, nur, weil er das so möchte.

Hier ist es sinnvoller, morgens 10 Minuten eher aufzustehen, um genug Zeit zu haben, mit dem Jungen beispielsweise auf den Balkon oder vor die Tür zu gehen, damit er selbst spüren kann, wie kalt es draußen ist. Hier ist es wichtig, das Kind dahingehend zu begleiten, dass er seine Entscheidung noch einmal überdenken kann, um sich von sich aus und freiwillig für die Winterjacke zu entscheiden.

### *Beispiel 3: Ins Bett gehen*

Bei Familie Mustermann, geht Frau Mustermann immer um 22:00 Uhr ins Bett.

Der kleine Tim hingegen muss sich bereits um 19:00 Uhr bettfertig machen, damit er spätestens um 19:15 Uhr in seinem Bett liegt.

Es ist 19:00 Uhr und somit fast Schlafenszeit für den kleinen Tim.

Tim ist gerade drei Jahre alt geworden und ist natürlich noch weit davon entfernt, die Uhr lesen zu können. Er ist gerade in seinem Kinderzimmer am Kneten und möchte sich nicht bettfertig machen. Frau Mustermann aber, die gegen 22:00 Uhr ins Bett geht, um am nächsten Tag für die Arbeit fit zu sein, kann selbstverständlich die Uhr lesen. Dies hat zur Folge, dass sie sich spätestens um 21:45 Uhr für das Bett fertig macht, den Wecker stellt und anschließend ins Bett geht. Frau Mustermann hat den Vorteil, dass sie weiß, was passiert, wenn man nicht genug Schlaf bekommen hat. Sie möchte deshalb für den morgigen Tag ausgeruht sein.

Tim jedoch befindet sich in der „Ist“ Situation. Jetzt gerade bereitet ihm Kneten so viel Spaß und damit möchte er einfach nicht aufhören. Dass er, wenn er zu wenig geschlafen hat, morgen in der Kita besonders müde sein wird, weiß er nicht. Da sich Tim weigert, fertigzumachen, weil er nicht ins Bett möchte, entsteht ein Streitgespräch.

Der Sohn von Frau Mustermann sagt: „Mama, nein! Tim kneten“. Frau Mustermann versucht erst, in einem ruhigen Ton ihrem Sohn zu erklären, dass jetzt Schlafenszeit ist. Hinterher wird sie immer hektischer und räumt schon mal die Spielsachen ein. Spätestens jetzt hat diese Situation eine gute Chance, in einem Wutausbruch zu enden.
Das Kind ist nicht in der Lage, zu verstehen, warum auf einmal die Spielzeit vorbei sein sollte. Frau Mustermann hingegen hatte das Gefühl, dass ihr Sohn nicht versteht, dass er ins Bett soll. Daher fängt sie an, zu handeln. Das Ganze mündet in einem Streit mit dem Resultat, dass das schreiende und weinende Kind sich erst einmal beruhigen muss und dementsprechend noch viel später ins Bett kommt.

Da dies nicht Sinn der Sache ist, wäre es deutlich besser, dem Kind symbolisch zu zeigen, dass es nicht mehr lange dauert, bis es ins Bett gehen soll. Dabei kann eine Sanduhr oder eine CD eine Hilfestellung sein. Tim würde sehen bzw. hören wie lange es noch dauert und bekäme ein zeitliches Verständnis.

Eine Vorbereitung darauf, dass gewisse Dinge enden, ist besonders wichtig, damit das Kind kein abruptes Ende verspüren muss. Wenn ein Kind aus einer aktiven Situation „herausgerissen“ wird, versteht dieses nicht, was eigentlich um ihn herum passiert. Und genau dies führt dann zum Wutausbruch.
Auf diese Art wird liebevoll auf Tim eingegangen und er hat genug Zeit, um sein Werk noch zu beenden.

### *Beispiel 4: Im Kaufhaus*

Herr Mustermann und seine Tochter Amelie sind in einem Kaufhaus.

Eigentlich wollten sie nur ein kleines Geschenk zum Geburtstag der Mutter kaufen. Im Kaufhaus entdeckt Herr Mustermann jedoch ein teures Männer Parfüm, das er gerne für sich selbst kaufen möchte. Er sieht den Preis, denkt kurz hierüber nach und kommt dann zu dem Entschluss, dass dieses Parfüm zu teuer ist. Daher stellt er es ins Regal zurück und macht sich mit Amelie weiter auf die Suche nach einem passenden Geburtstagsgeschenk für Frau Mustermann.

Amelie entdeckt in der Spielzeugabteilung ein Barbie - Haus, das sie unbedingt haben möchte und sofort mitnehmen will. Im Gegensatz zu Herrn Mustermann ist Amelie noch nicht in der Lage, mit ihren drei Jahren ein Preisschild zu lesen, um zu erkennen, ob etwas günstig oder teuer ist. Herr Mustermann versucht Amelie zu erklären, dass dies ein sehr teures Barbie Haus ist, und dass sie dieses deshalb jetzt nicht mitnehmen können. Amelie umfasst den Karton und möchte diesen auch nicht mehr loslassen. Sie weint, schreit und haut sogar um sich. Warum sie dies nicht haben kann, versteht sie nicht.

Herr Mustermann wird von den Passanten im Kaufhaus bereits komisch angeguckt, als er Amelie an die Hand nimmt und sagt: „Komm jetzt, wir müssen weiter, die anderen gucken schon ganz komisch.“

Amelie hingegen ist wütend und macht immer lauter auf sich und ihren Unmut aufmerksam. In einer solchen Situation können sich Kinder regelrecht in einen Wutausbruch hineinsteigern. Je ausgeprägte so ein Wutausbruch vonstattengeht, desto schwieriger kann man ein Kind auch wieder dort herausholen. Daher ist es sinnvoll, zu versuchen, dass das Kind sich gar nicht erst soweit in einen Wutausbruch hineinsteigert. Herr Mustermann könnte sich beispielsweise auf Amelies Höhe begeben, ihr mitteilen, dass bald Weihnachten ist, und sie sich dieses Barbie Haus zu Weihnachten wünschen darf. Auch, dass er sich nichts für sich selbst gekauft hat, kann er als Argument anbringen. Ein Satz wie beispielsweise: „Heute ist Mamis Geburtstag und deshalb kaufen wir heute auch nur etwas für Mami ein.“, kann die Situation direkt und augenblicklich entschärfen.

# Die Autonomiephase

*„Kindererziehung ist ein Beruf,*
*wo man Zeit zu verlieren verstehen muss,*
*um Zeit zu gewinnen."*

Jean-Jacques Rousseau

## Was ist die Autonomiephase und wann beginnt sie?

Die Autonomiephase und die Trotzphase beschreiben dasselbe.[4]

Der Begriff Autonomiephase wird von vielen Eltern als weniger „negativ belastet" angesehen. Daher kommt es häufig vor, dass sie nicht sagen: „Mein Kind befindet sich in der Trotzphase.", sondern dass sie sagen: „Mein Kind ist gerade in der Autonomiephase". Sich selbst entdecken und entfalten zu können und dann „gebremst" zu werden, weil das Kind etwas nicht kann oder darf, beschreibt die Autonomiephase am besten.

---

[4] Quelle: https://www.erzieherin-ausbildung.de/praxis/fachpraktische-hilfe-fachtexte/fachartikel-das-kleinkind-und-die-autonmomie-bzw-trotzphase

Einen Stichtag, an dem für alle Kinder die Autonomiephase beginnt, gibt es natürlich nicht.

Im Allgemeinen lässt sich aber sagen, dass diese circa im Alter von 18 Monaten anfängt und bis hin zum sechsten Lebensjahr andauern kann. Zwischen dem zweiten und dritten Geburtstag erleben die meisten Kinder den Höhepunkt ihrer Trotzphase.

Das Besondere an der Trotzphase ist, dass die Kinder erkennen, dass sie auf ihre eigene Umwelt Einfluss nehmen können, bedingt durch ihr eigenes Verhalten. Außerdem begreifen sie langsam, dass es für viele Dinge mehrere Alternativen gibt. Mit diesem Wissen sind die meisten Kinder jedoch überfordert. Sie sind noch nicht in der Lage, sich zwischen zwei oder mehreren Sachen zu entscheiden, da Ihnen das Vergleichen noch sehr schwerfällt.

**Ein Beispiel:**

Wenn du deinem Kind beim Essen zwei Nahrungsmittel vorschlägst, wird es sich in der Trotzphase meistens für das zweite entscheiden (unbewusst aus dem „Bauch heraus“), ohne tatsächlich zwischen beiden Lebensmitteln vergleichen zu können.
Hierbei meckert das Kind häufig dann, wenn die Mahlzeit serviert wird und es feststellt, dass es doch lieber das andere Gericht gegessen hätte.

Da unsere Kinder in der Trotzphase[5], gerade bedingt durch ihr junges Alter, einfach noch nicht in der Lage sind, ein ausführliches Gespräch mit uns darüber zu führen, dass sie eine falsche Entscheidung getroffen haben und diese nun gerne rückgängig machen würden, entsteht ein Wutanfall, in dem sich der ganze Frust entladen kann. Die Kinder meinen es dann nicht böse, sondern nutzen das Ventil des Wutausbruchs, um auf ihren Unmut hinzuweisen.

## Die Autonomiephase aus der entwicklungspsychologischen Sicht

Jeder Mensch durchläuft im Laufe seines Lebens die Autonomiephase.
Diese ist hauptsächlich an unserer Persönlichkeitsentwicklung beteiligt und fällt somit in das Themengebiet der Entwicklungspsychologie. In dieser Phase wird vor allem das „Ich-Bewusstsein“ gebildet. Das Kind entdeckt eine gewisse Unabhängigkeit und nimmt sich selbst als eigenständige Persönlichkeit wahr. Außerdem wird in dieser Phase auch die Neugier geweckt. Kinder entdecken neue Dinge und möchten Sie gerne alleine erkunden und Aufgaben selbstständig lösen.

---

[5] Quelle: https://www.kindererziehung.com/Paedagogik/Entwicklung/Trotzphase.php

**Hierfür gibt es zwei Grundvoraussetzungen:**

Die motorische Entwicklung und die Sprachentwicklung.
Diese sind essenziell wichtig, damit das Kind Dinge und Aufgaben alleine entdecken und lösen kann. Zwischen dem zweiten und dritten Lebensjahr verbessert sich die Ausdrucksweise deines Kindes zunehmend. Es kann dir mittlerweile mitteilen, wie es sich fühlt und was es sich wünscht. Das ist für den weiteren Entwicklungsprozess deines Kindes maßgebend. Außerdem hat dein Kind gelernt, dass es zur Fortbewegung niemanden benötigt, da es auf eigenen Beinen gehen, laufen und stehen kann, und somit nicht mehr auf andere, zumindest bei der Fortbewegung, angewiesen ist. Deshalb entwickeln in dieser Phase auch viele Kinder ein gestärktes Selbstbewusstsein. Die Erfahrung, dass sie viele Dinge bereits alleine können und das Verlangen, selbstbestimmte Entscheidungen treffen zu können, wirken sich positiv auf die Entwicklung deines Kindes aus.

## Die einzelnen Phasen der Autonomiephase

Im Laufe des Lebens eines Kindes, findet die Autonomiephase immer wieder statt.
Hierbei wird unterschieden zwischen:

- Der Trotzphase (der Hauptphase, die mit etwa 18 Monaten beginnt und bis zum dritten Lebensjahr ihren Höhepunkt erreicht hat).
- Der 6-Jahres-Krise (die sich zwischen dem fünften und sechsten Lebensjahr abspielt).
- Der Vorpubertät-Phase (die sich zwischen dem achten und zehnten Lebensjahr abspielt).
- Und der eigentlichen Pubertät, die, je nach Geschlecht und Reife des Kindes, um das zwölfte Lebensjahr herum geschieht.

Dass Kinder im Laufe ihres Heranwachsens öfter mit Autonomiephasen konfrontiert werden, liegt daran, dass mit zunehmendem Alter und weiteren Fähigkeiten auch der Wunsch nach mehr Autonomie, also nach mehr Selbstständigkeit, immer weiterwächst.

## Wie die Autonomiephase Kindern Durchhaltevermögen lehrt

Besonders in der Autonomiephase lernen die Kinder Durchhaltevermögen, wie in kaum einer anderen Phase ihres Lebens.
Kinder müssen eine Frustrationstoleranz entwickeln, um gut durchs Leben kommen zu können. Wir alle kennen diese Kinder, die beim kleinsten Nein sofort an die Decke gehen. Diese Kinder haben keine

Frustrationstoleranz und können es nicht ertragen, wenn etwas gegen ihren Willen entschieden wird. Beispielsweise wenn Sarah (2 Jahre alt) zur Kita muss, dies jedoch absolut nicht möchte, aber die Eltern einfach nicht mit sich reden lassen, dass die 2-Jährige alleine zu Hause bleiben kann.

Für Kinder ist es wichtig, zu lernen, mit Frustration umzugehen, um im weiteren Leben, zum Beispiel in der Schule, auch mit negativen Situationen umgehen zu können. Wenn wir unseren Kindern immer alles durchgehen lassen würden und sie ständig ihren Willen bekämen, würden diese auch nicht zur Schule gehen, wenn sie darauf keine Lust haben.

Außerdem hilft die Trotzphase Kindern dabei, stetig besser zu werden. Wenn beispielsweise ein Kind beim Laufen immer wieder hinfällt und stolpert, ist es wichtig, dass das Kind immer wieder aufsteht und es noch einmal probiert. Wenn es keine Frustrationstoleranz und keine Behaglichkeit aufweisen würde, würde es nach dem ersten Hinfallen liegen bleiben und könnte so das vernünftige Laufen nicht lernen.

Kinder benötigen Zeit, um ihre Emotionen zu verstehen und auch regulieren zu können, selbst wenn die eigenen Bedürfnisse nicht direkt gestillt werden können. Besonders in der Trotzphase stehen sie meist vor einem Problem zwischen: „Das möchte ich haben.“ Und: „Ich kann es aber nicht kriegen.“ Die

Erfahrung, dass wir nicht alles, was wir uns wünschen, auch tatsächlich erlangen können, ist unverzichtbar für eine gute Erziehung.
Dies kennen wir auch aus dem Leben des Erwachsenen. Wenn wir hinfallen, weil etwas in unserem Leben schwierig ist, ist es ebenfalls wichtig, dass wir wieder aufstehen und weitermachen. Die Voraussetzungen dafür, inwieweit wir als Erwachsener hierzu in der Lage sind, werden bereits in unserer Kindheit geprägt.

## Warum ist die Autonomiephase ein unverzichtbarer Lernschritt in der kindlichen Entwicklung

Die Autonomiephase ist für unsere Kinder in vielen Bereichen ein wichtiger Punkt in der Entwicklung. Sie lehrt den Kindern nicht nur das oben angesprochene Durchhaltevermögen, sondern vor allem auch damit umzugehen, wenn man an seine eigenen Grenzen stößt.

Was mache ich, wenn ich etwas will, aber es nicht kann? [6]

---

[6]Quelle: https://www.familienhandbuch.de/babys-kinder/entwicklung/kleinkind/trotz/WiegeheichmitdemTrotzmeinesKindesum.php
Quelle: https://christopher-end.de/trotzphase-und-autonomiephase/

Sich mit dieser Frage im Kindesalter auseinanderzusetzen und diesbezüglich auch Lösungen zu erarbeiten, fördert die kindliche Entwicklung enorm.
Andere Wege zu finden, um an das gewünschte Ziel zu kommen, stärkt zusätzlich auch noch die Kreativität des Kindes.
Sie sind dazu aufgefordert, sich selbst und ihre Umgebung, in der sie sich kennenlernen dürfen, zu testen. Das mag Zuhause, in der KITA oder im Supermarkt sein. Dein Kind kommt in eine Selbstständigkeit, die ein ganzes Leben lang von immenser Bedeutung ist. Es lernt, Entscheidungen zu treffen, Lösungen in Konfliktsituationen zu finden, zu sagen, was es möchte und wie es ihm geht. Dieser Prozess ist für die Entwicklung nicht wegzudenken. Das lösungsorientierte Denken brauchen wir später in jedem Lebensbereich. Deshalb ist es besonders wichtig, den Kindern eine Hilfestellung zu sein, zum Beispiel in einer Konfliktlösung. Jedoch sollte man hier dem Kind nie die Chance nehmen, kreativ zu werden und selbst ins Handeln zu kommen.

Oft fühlt sich das Kind nicht verstanden und akzeptiert, da man ihm die Chance zur Selbstständigkeit wieder einmal verwehrt hat. Wir als Eltern meinen es oft nur gut oder es fehlt einfach die Geduld, doch hier ist Fingerspitzengefühl gefragt. Wer findet es nicht toll, wenn das Kind eine eigene Lösung findet und nicht alle paar Minuten Hilfe braucht? Außerdem ist es wichtig, dass das Kind versteht, dass auch andere

Kinder und Erwachsene ihre eigenen individuellen Grenzen haben. Nicht jeder kann alles und das ist auch gut so.

Dass die Gefühle, die sie bei einer vermeintlichen Niederlage empfinden, ganz normal sind, ist ebenfalls ein wichtiger Lernschritt in der kindlichen Entwicklung.

## Gründe für die Entstehung von Trotzreaktionen mit Tipps zur Vermeidung

Die Ursachen für eine Entstehung von einer Trotzreaktion können vielfältig sein und sind sowohl von Kind zu Kind als auch von Situation zu Situation unterschiedlich.
Überforderung:
Häufig sind Kinder in der Trotzphase von Entscheidungen, die sie selbst treffen müssen, überfordert. Hierbei kann es schon bei kleinen Fragen, wie beispielsweise: „Möchtest du lieber einen Apfel oder eine Banane essen?“, zur Überforderung des Kindes kommen. Hier wäre es sinnvoll, selbst zu entscheiden, welche Obstsorte man dem Kind anbietet. Beispielsweise kannst du deinem Kind eine Banane auf den Tisch legen und fragen, ob es diese essen möchte. Am nächsten Tag kannst du dann das Prozedere mit einem Apfel wiederholen. So muss das

Kind nur entscheiden, ob es essen möchte und nicht, was es essen möchte.

**Wenn man Kindern zu viel abnehmen möchte:**

Etwas ganz alleine machen zu können und zu dürfen, ist für Kinder besonders wichtig. Wenn einem Kind ständig etwas abgenommen wird oder gesagt wird: „Komm, Mama macht das, das geht schneller.“, wird das Kind schnell frustriert.
Hier kann es helfen, sich mehr Zeit zu nehmen und das Kind auch mal etwas alleine machen zu lassen, damit es sein Können unter Beweis stellen kann.

**Zu wenig Schlaf:**

Müde Kinder im Trotzalter neigen außerdem deutlich schneller zu einem Wutausbruch als ausgeschlafene Kinder.
Daher ist es sehr wichtig, dass dein Kind genügend schläft.

**Schlechtes Timing der Eltern:**

Kinder besitzen noch kein besonders gutes Zeitgefühl. Sätze, wie beispielsweise: „Gleich fahren wir in den Zoo.“, sind eher kontraproduktiv. Kinder denken dann, dass es sofort losgeht und freuen sich riesig. Wenn dann die Eltern jedoch noch etwas Anderes zu erledigen haben oder der Zoo noch gar nicht geöffnet hat, kommt es hier zu Frustrationen auf der kindlichen Seite. Diese lassen sich ganz einfach vermeiden, indem man den Zoo Besuch erst ankündigt, wenn man auch wirklich losfährt.

*„Was deine Kinder auch tun, sie tun es für sich.*
*Nicht gegen dich!“*

## Was ist ein Wutanfall?

Nicht jeder Wutausbruch ist gleich.[7] Manche beginnen langsam, andere sehr schnell. Doch was im Allgemeinen beschreibt eigentlich einen Wutanfall? Bei einem Wutanfall handelt es sich um eine starke Gefühlsäußerung, die mit Zorn und Ärger einhergeht. Häufig wird dabei entweder mit lauter Stimme, deutlichen Gesten oder auch Geschrei reagiert. Ein Wutausbruch ist meistens ein Zeichen dafür, dass das Kind in der aktuellen Situation die Kontrolle verliert.

---

[7] Quelle: https://www.babyartikel.de/magazin/wutanfall-kleinkind-richtig-reagieren

## Wie können Wutanfälle gelöst werden?

Wutanfälle können häufig mit Geduld und Fingerspitzengefühl gelöst werden. Im Allgemeinen ist es sehr empfehlenswert, wenn Wutanfälle im Ansatz entweder verhindert oder zumindest abgewendet werden können.
Befindet sich dein Kind erst einmal in einem sehr starken Wutausbruch, wird es für dich schwierig, die Lage zu beruhigen. Hinterfrage dich als Erstes, in welchen Situationen dein Kind am Häufigsten zu Wutanfällen neigt. Ist dies im Einkaufszentrum, wenn dein Kind keine Schokolade bekommt? Ist es, wenn dein Kind in die Kita soll, aber keine Lust darauf hat? Oder möchte es nach einem Tag bei der Oma nicht mehr mit nach Hause kommen?

Die Gründe, warum ein Wutausbruch überhaupt entsteht, sind wichtig, um zu wissen, wie eine Lösung aussehen könnte. Bleiben wir bei den drei oben gestellten Fragen. Sollte dein Kind dazu neigen, besonders im Einkaufszentrum einen Wutanfall zu bekommen, da es Schokolade, Spielzeug oder Ähnliches nicht bekommt, gibt es unterschiedliche Herangehensweisen. Eine Möglichkeit, wie ein Wutausbruch minimiert werden kann, ist beispielsweise, eine süßigkeitenfreie Kasse zu wählen. Diese gibt es bereits in sehr vielen Supermärkten und zeichnet sich dadurch aus, dass keinerlei Spielzeuge oder Süßigkeiten an der Kasse zu erwerben sind.

Eine weitere Möglichkeit, um das Drama im Einkaufszentrum zu minimieren, ist eine vorherige Absprache. Die könnte beispielsweise so aussehen, dass im Vorfeld festgesetzt wird, dass das Kind einen Lolli erhält, sonst jedoch nichts. Sollte es dann im Einkaufszentrum eine Schokolade sehen, die es haben möchte, erinnerst du es an eure Vereinbarung bezüglich des Lollis. Hier nicht nachzugeben und sich an die vorher besprochene Vereinbarung zu halten, ist Grundvoraussetzung, damit dein Kind dich auch dauerhaft ernst nehmen kann.
Besonders im Kleinkind-Alter sollte man, wenn möglich, die Süßigkeiten-Abteilung mit Kindern meiden. Du kannst beispielsweise deinen Partner fragen, ob er nach der Arbeit noch kurz beim Supermarkt halten kann, um Süßigkeiten mitzubringen, die du extra nicht gekauft hast, als du mit deinem Kind einkaufen warst.

Wenn dein Kind keine Lust auf die Tagesmutter oder die Kita hat, ist zuallererst wichtig, dass du dein Kind ernst nimmst. Insofern dein Kind schon ein paar Worte oder Sätze sagen kann, höre genau zu. Ist irgendetwas in der Kita oder bei der Tagesmutter vorgefallen? Hat dein Kind vielleicht Angst dorthin zu gehen? Möchte dein Kind einfach nur nicht von dir getrennt sein und deshalb bei dir bleiben? Hier ist die einzige Lösung, das Gespräch zu suchen.
Geduldig und mit Feingefühl hörst du dir die Ängste und Sorgen deines Kindes an. Wenn irgendetwas vorgefallen sein sollte, und dein Kind Angst hat, die

Betreuungsstätte zu besuchen, ist es deine Aufgabe dorthin zu fahren und zu erörtern, was tatsächlich passiert ist, um diese Dinge aus dem Weg zu räumen. Wenn dein Kind dir jedoch mitteilt, dass es lieber Zeit mit dir verbringen würde, kannst du hier auch eine Vereinbarung treffen.
Diese könnte zum Beispiel so aussehen, dass du deinem Kind erklärst, dass es diese Woche noch in die Betreuung geht und ihr Samstag und Sonntag dafür den ganzen Tag wunderschöne Dinge gemeinsam unternehmen könnt, beispielsweise ein Zoo-Besuch oder ein Waldspaziergang. Es ist wichtig, dem Kind zu vermitteln, dass in der Woche eine Betreuung notwendig ist, da Mama und Papa arbeiten müssen, dafür aber das Wochenende nur der Familie gehört. So hat das Kind immer etwas, auf das es sich freuen kann.

Wenn dein Kind einen Tag bei der Oma verbracht hat und abends beim Abholen einen Wutanfall bekommt, weil es nicht mitkommen möchte, ist ein schwieriger Fall eingetreten.

Auf der einen Seite ist es schön, dass dein Kind sich so gut mit der Oma versteht, auf der anderen Seite möchtest du einfach nur nach Hause, du musst vielleicht auch noch kochen, den Haushalt machen und die Zeit drängt sowieso schon. Hier ist es sinnvoll, sich auf Höhe des Kindes zu begeben und es zunächst in den Arm zu nehmen. Dem Kind muss vermittelt werden, dass es die Oma nicht verliert, nur

weil heute eine kurzfristige Trennung stattfindet. Am besten wird in Anwesenheit des Kindes ein zeitnaher neuer Termin vereinbart, an dem die Oma das Kind, möglicherweise aus der Kita, abholen kann oder zum Eisessen einladen kann.
So hat das Kind direkt etwas, auf das es sich freuen kann, und ist eher bereit, mit nach Hause zu kommen.

Was auch immer der Grund für einen Wutanfall ist, versuche ihn mit Geduld und Einfühlungsvermögen zu lösen. Wenn dein Kind auch in einer Streitsituation das Gefühl hat, dass es sich bei dir sicher, aufgehoben und geborgen fühlen kann, ist es auch für deine Worte empfänglicher. Jedoch musst auch du dich an klare Absprachen halten. Wenn du dein Wort „brichst", wird dein Kind mehr und mehr das Vertrauen in dich verlieren und sich in ähnlichen Situationen auch nicht mehr von dir ablenken lassen. Nein heißt nein und Vereinbarungen sind Vereinbarungen: Das muss dein Kind lernen und das kann es nur von den Eltern.

## Der Weg von einem schwachen Anfall, bis hin zu einem starken Wutausbruch

Ob ein einfaches „Nein“ der Eltern, die Schokolade, die man nach dem Zähneputzen doch nicht mehr essen darf oder ein Spielzeug, das geteilt werden soll: Im Alltag erleben Kinder häufig Situationen, die in einem Wutausbruch enden können. Doch so verschieden wie die Gründe hierfür sind, kann auch der Verlauf völlig unterschiedlich sein.
Es gibt Situationen, in denen Kinder von jetzt auf gleich in einen sehr starken Wutausbruch verfallen. Doch meistens kündigt sich das Ganze langsam an. Es beginnt oft mit leichtem Unmut und endet häufig in einem handfesten Wutausbruch.

**Ein Beispiel:**

Max soll sein Spielzeug teilen und sein Auto Julian zum Spielen abgeben. Zuerst weigert Max sich einfach und sagt mit ruhiger Stimme „Nein, ich möchte aber mit dem Auto spielen“. Daraufhin reagiert Max‘ Mutter bereits etwas energischer und wiederholt ihre Aussage. Max fühlt sich in dieser Situation „hilflos“. Er möchte das Spielzeugauto nicht abgeben, hat aber keine Wahl und weiß nicht, was er tun kann, um es behalten zu können. Dann wird Max lauter und schreit: „Neeeeeein“. Die Situation spitzt sich zu, als Julian (der sich im Recht fühlt) Max das Auto aus der Hand reißt. Max ist wütend und versucht, Julian das Auto aus der Hand zu schlagen. Doch Julian hält das Spielzeugauto so fest, dass Max keine Chance hat. Das Ganze hat sich nun zu einer wirklich schwierigen Situation für Max entwickelt. Er ist wütend, traurig und hilflos zugleich. Die Situation überfordert ihn total. Er bekommt Ärger von seiner Mutter, Julian hat sein geliebtes Auto und den Grund versteht er nicht. Dann „explodieren" die Gefühle. Er schreit, weint und schlägt um sich.

In dieser Phase ist er für rationale Informationen nicht ansprechbar.

Sätze wie: „Julian kann dir, nachdem er damit gespielt hat, das Auto wiedergeben. Ihr sollt euer Spielzeug doch teilen", kommen bei Max gar nicht mehr an. Wenn das Ganze in einem sehr starken Wutausbruch geendet hat, befinden sich die Kinder meistens in einem „Tunnel", in dem sie so von ihren Emotionen überrumpelt sind, sodass sie ihr Umfeld nur noch schwer bzw. gar nicht mehr wahrnehmen können.

## 5 Tipps, die du tun kannst um mit deinem Kind in Interaktion zu treten und auch zu bleiben

1. **Den Willen des Kindes und das dazugehörige Verhalten annehmen**
   Sieh das Verhalten nicht als Widerstand gegen dich, sondern als Entwicklung der Selbstständigkeit, in die dein Kind hineinwachsen darf. Es ist oft hart und nicht einfach, doch es braucht deine Unterstützung.

2. **Die Gefühle benennen und Verständnis zeigen**
   Es hilft meist, dem Kind zu zeigen, dass man es versteht und sich in seine Lage versetzen kann. Ein Beispiel wäre: „Ich sehe, dass du wütend/ängstlich/ traurig/bist…, ich verstehe dich. Mir würde es sicher nicht anders gehen.“

3. **Körperkontakt und liebevolle Blicke**
   Liebe und Zuneigung kann immer helfen, vorausgesetzt dein Kind will die körperliche Nähe. Das merkst du schnell. Auch ein tiefer Blick in die Augen gibt Aufmerksamkeit und sendet die Liebe mitten ins Herz. Lass dein Kind nicht alleine weinen oder es sich beruhigen. Es sollte mit der Wut im Bauch nie alleine gelassen werden.

4. **Die „JA“ Umgebung schaffen**
   Achte darauf, dass du alle gefährlichen Gegenstände (Messer, Feuerzeug…) wegräumst und deinem Kind eine Umgebung des „Probierens“ gestaltest. Hier kann es sich austoben, gefahrlos explorieren und sich auf neue Erlebnisse einlassen. Man spricht hier vor allem von dem geschaffenen Rahmen, der für das Kind sehr wichtig ist. Gerade bei Wutanfällen ist ein Zimmer, in dem man sich einmal richtig austoben kann und dies auch erlaubt ist, von großem Vorteil.

5. **Neue Möglichkeiten anbieten und kreativ sein**
   Falls es Probleme mit der kindlichen Zusammenarbeit gibt, dann darfst du genau hinschauen, welches Bedürfnis dahinterstecken könnte. Die Lösungsfindung für Konflikte darf kreativ gehandhabt werden und es ist insbesondere wichtig, dem Kind Alternativen zu bieten, wie zum Beispiel ein Sorgenfresser, bei dem die Wut abgeladen werden kann, eine Wut-Ecke/Zimmer, ein Ausflug nur mit Mama/Papa, gemeinsam im Haushalt arbeiten, etc.

## Was passiert, wenn die Trotzphase ignoriert wird

Kinder sollten im Allgemeinen nicht ignoriert, sondern ernst genommen werden. Bereits nach der Geburt weiß ein Baby, wie es auf sich aufmerksam macht. Egal ob es dafür lächeln, schreien oder weinen muss. Das Ganze geschieht intuitiv und dient zum Überleben.

Um zu erläutern, was genau passiert, wenn die Trotzphase ignoriert wird, schauen wir uns ein Zitat von John Bowlby an.

*„Ein Kind, das weiß, dass seine Bezugsperson zugänglich und sensibel für seine Wünsche ist, die es ihr gegenüber äußert, spürt ein starkes und durchdringendes Gefühl der Sicherheit und das trägt zur Qualität und zur Weiterentwicklung der Beziehung bei.“*

John Bowlby

Aus diesem Zitat können wir einiges lernen.

Kinder benötigen das Vertrauen, dass sie von ihrer Bezugsperson gehört und verstanden werden. Dies gibt ihnen Sicherheit und ein gutes Gefühl.
Wenn Kinder nicht mehr oder nur teilweise wahrgenommen werden, weil beispielsweise die Trotzphase des Kindes ignoriert wird, macht sich Unsicherheit und Angst breit. Wenn ein schreiendes Kind ignoriert wird, schreit es in der Regel noch lauter. Somit findet keine Verbesserung, sondern eine Verschlechterung statt.
Wenn man das Kind dann „lang genug" ignoriert hat, hört es in aller Regel auch wieder auf zu schreien. Doch dies nicht ohne Grund. Es „verstummt" sozusagen.

Das Kind merkt, dass es nicht gehört und ihm einfach nicht geholfen wird.
Dies kann zu einer Persönlichkeitseinschränkung führen. Kinder, die nicht ernst genommen und ignoriert werden, können sehr still werden. Als eingeschüchtert und ruhig werden diese Kinder häufig beschrieben. Doch auch das Verhältnis zu Mama und Papa kann grundlegend gestört werden. Wenn das Kind lernt, dass es sich auf Mama und Papa nicht verlassen kann, wird es sich auch in Zukunft mit schwerwiegenden Problemen nicht an euch wenden.

## Die Phase zwischen dem ersten und vierten Lebensjahr meistern

Um die Autonomiephase zu meistern, gibt es Grundsätze, die dabei helfen, auch schwere Wutanfälle gemeinsam zu überstehen.

- Tröste dein Kind, auch wenn es „Mist“ gebaut hat.
- Begib dich bei einem Streit oder Wutanfall auf Augenhöhe mit deinem Kind.
- Sei für dein Kind da, aber bleibe standhaft. Wenn du nachgibst, hilfst du deinem Kind nicht, ganz im Gegenteil.
- Nimm dein Kind in den Arm und sage, dass du sie/ihn sehr liebhast, sofern dein Kind dieses zulässt.
- Wenn dein Kind dir signalisiert, dass es nicht berührt werden möchte, respektiere dies.
- Ändere bewusst das Thema. Biete deinem Kind eine Alternative an.
- Auch, wenn dein Kind um sich haut, lass es nicht alleine. Stell zu jeder Zeit sicher, dass sich weder dein Kind selbst verletzen kann noch, dass es andere Personen verletzt.
- Schreie dein Kind nicht an, das verbessert die Situation keineswegs.
- Das Kind muss die Wut rauslassen dürfen, aber kontrolliert. Beispielsweise darf das Kind bei einem starken Wutanfall in ein Kissen boxen.

Besprich dies am besten im Vorfeld mit deinem Kind.

- Versuche nicht auf dein Kind einzureden, während es einen starken Wutausbruch durchlebt. Das ist nutzlos, da die Informationen nicht beim Kind ankommen und es nur noch mehr Stress für beide Parteien bedeuten würde.
- Steigere dich nicht in den Wutanfall hinein. Umso entspannter du bleibst, desto schneller ist es meistens auch vorbei.

# Der innere Bauplan

## Der Bauplan nach Maria Montessori

Maria Montessori arbeitete als Fachärztin für Psychiatrie mit geistig behinderten Kindern zusammen. Hierbei machte sie eine erstaunliche Entdeckung. Denn die Kinder, die ihre Sinne aktivieren konnten, waren in der Lage, die geistigen Fähigkeiten enorm zu verbessern. Daraufhin erlangte Maria Montessori die Erkenntnis, dass die Wurzel der kindlichen Entwicklung jeweils im inneren Selbst des Kindes liegen muss. Der innere Bauplan nach Maria

Montessori[8] besagt, dass die Entwicklung eines Kindes von innen heraus vonstattengeht, insoweit die Umgebung entsprechende Bedingungen aufweist.
Jedes Kind wird mit einem sogenannten inneren Bauplan geboren. Auch dein Kind besitzt einen inneren Bauplan, auch wenn du es vielleicht bis heute noch gar nicht wusstest.
Doch es gibt keinen allgemeinen Bauplan, sondern für jeden Menschen einen individuellen. Bereits von Beginn an ist festgelegt, was das Kind für Fähig- und Fertigkeiten aufweist. Denn das jeweilige Entwicklungspotenzial ist von Mensch zu Mensch und je nach Umgebung, in der er aufwächst, unterschiedlich.

**Insgesamt baut die kindliche Entwicklung auf drei Grundideen auf:**

1. Die Entwicklung des Gehirns ist bei der Geburt noch längst nicht abgeschlossen. Vielmehr entwickelt sich unser Gehirn durch Erlebtes und daraus resultierende selbst gemachte Erfahrungen.

2. Das Potenzial eines jeden Menschen ist genetisch bedingt und kann auch nur zu einer bestimmten Zeit beziehungsweise innerhalb eines bestimmten Zeitfensters heranwachsen.

---

[8]Quelle: http://www.montessori-michelstadt.de/montessoripadagogik/grundprinzipien/innerer-bauplan/

Außerdem ist dies nur möglich, wenn die dazu benötigten Ressourcen tatsächlich auch verfügbar sind.

3. Durch eine dauerhafte und anhaltende Aktivierung gelingt sowohl die Aufbau- als auch die Ausbauphase der Persönlichkeit.

Gerade in der Trotzphase ist es wichtig für Eltern, sich immer wieder vor Augen zu halten, dass jedes Kind unterschiedlich ist. Wenn du beispielsweise ein älteres Kind hast und eines, das sich jetzt aktuell in der Trotzphase befindet, solltest du die Kinder niemals miteinander vergleichen: Sowohl nicht in ihren Fähig- und Fertigkeiten als auch nicht in der Art und Weise wie die Trotzphase vonstattenging. Jedes Kind entwickelt sich anders und Trotzphasen und Pubertät können ebenfalls völlig unterschiedlich ausfallen. Versuche dich eher in dein Kind hineinzuversetzen.
Was kann dein Kind besonders gut?
Was gefällt deinem Kind?
Worin könntest du dein Kind unterstützen?

Versuche den „inneren Bauplan“ deines Kindes zu finden. Das hilft nicht nur in der Trotzphase enorm weiter, sondern ist für die allgemeine Eltern-Kind-Beziehung deutlich von Vorteil.

## Was versteht man unter dem absorbierten Geist?

Nach Ansicht von Maria Montessori unterscheiden sich die Geistesformen eines Kindes enorm von denen eines Erwachsenen. Das Ganze wird von Maria Montessori als absorbierter Geist bezeichnet.

**Ein Beispiel, das diese Theorie näher erläutert:**

Ein Kleinkind ist in der Lage, eine Sprache zu lernen, ohne dafür Sprachunterricht oder Grammatik üben zu müssen. Durch die Wiederholungen und die Imitationsfähigkeit der Kinder übernehmen sie Wörter ihres Umfeldes und eignen sich so ihre Muttersprache an. Die meisten Kinder beherrschen bereits im Alter von drei Jahren ihre Muttersprache, ohne diese jemals professionell, etwa in einer Sprachschule, erlernt zu haben.

An diesem Beispiel erkennt man deutlich, dass Kinder einen sogenannten absorbierenden Geist besitzen, der in der Lage ist, sich Dinge aus dem Umfeld anzueignen. Kinder nehmen besonders im Alter zwischen 0-3 Jahren alles unterbewusst wahr. Gerade in der Trotzphase kann dies dazu führen, dass dein Kind mit den äußeren Einflüssen überfordert ist.

Stell dir vor, du befindest dich in einer U-Bahn und um dich herum befinden sich vier Paare. Jedes dieser vier

Paare unterhält sich und du hörst jedes einzelne Gespräch deutlich. Du versuchst, überall zuzuhören. Am Ende hättest du höchstwahrscheinlich Kopfschmerzen und wärst mit der Situation garantiert überfordert.
Kinder im Alter von 0-3 erleben genau dies, natürlich nicht in der U-Bahn, sondern im alltäglichen Leben: Egal ob in der Kita, bei Oma und Opa oder zu Hause. Durch die vielen Eindrücke kann es schnell dazu kommen, dass dein Kind reizüberflutet ist. Oftmals äußert sich diese kindliche Überforderung durch Reizüberfluss in einem Wutanfall.

Reflexionsfragen sind für Eltern besonders wichtig, um festzustellen, auf welchem Standpunkt man steht und eine gute Variante, sich mit sich selbst zu beschäftigen. Am besten nimmst du dir einen Stift und einen Zettel zur Hand und beantwortest die nachfolgenden Fragen ganz in Ruhe.

Wie war deine eigene Kindheit?

Belastet dich heute noch etwas aus deiner eigenen Kindheit?

Bist du gerecht zu deinem Kind/zu deinen Kindern?

Behandelst du deine Kinder gleich (insofern du mehr als ein Kind hast)?

Bringst du genügend Geduld für dein Kind/deine Kinder auf?

Hast du wirklich genügend Zeit für dein Kind/deine Kinder?

---

Wie gehst du mit deinem Kind/deinen Kindern um?

---

Behandelst du deine Kinder liebevoll oder schreist du mehr herum in Konfliktsituationen?

---

Gibt es etwas, das du in deinem Erziehungsstil ändern möchtest? Und wenn ja, was wäre das?

---

# Die verschiedenen Gefühlswelten

## Die Gefühlswelten der Eltern

Bei einem Wutausbruch spielt der rote Geduldsfaden eine sehr große Rolle.
Manche besitzen einen sehr starken Geduldsfaden, andere einen sehr schwachen. Bei einem Wutanfall ist, gerade zu Beginn, der Geduldsfaden der Eltern noch am stärksten, doch durch steigerndes und vor allem andauerndes Meckern der Kinder verliert er an Belastbarkeit.

Wenn das Kind dann um sich tritt, spuckt oder schreit, vor allem in der Öffentlichkeit, wird er ganz besonders dünn. Je genervter oder wütender die Eltern jedoch werden, desto mehr baut sich der Geduldsfaden ab. Doch darf dein Geduldsfaden reißen? Nein, darf er nicht! Gerade wenn dein Kind in einer bestimmten Situation völlig überfordert ist, darfst du nicht auch noch die Kontrolle verlieren. Schimpfen oder schreien ist kontraproduktiv und verbessert die Situation keineswegs. Lieber einmal kurz aus dem Raum gehen, tief durchatmen und wenn es gar nicht mehr geht, den Partner als „Ablöse“ hinzurufen. Jeder Wutanfall geht vorbei und je ruhiger du bleibst, desto eher kann dein Kind auch wieder zur Ruhe zurückfinden.

## Die Gefühlswelten der Kinder

Die Gefühlswelt eines Kindes äußert sich während eines Wutausbruchs sehr individuell. Nicht nur von Kind zu Kind, sondern auch von Situation zu Situation ist diese völlig unterschiedlich. Die einen sind wütend oder hilflos, die anderen überfordert oder auch einfach nur traurig.
Mit einem anhaltenden Wutausbruch steigern sich die negativen Gefühle des Kindes exponentiell. Je länger und stärker ein negatives Gefühl beim Kind anhält, desto stärker wird der Wutausbruch. Dein Kind schreit während eines Wutanfalls meistens, weil es von dir gehört werden will. Dass du dein Kind auch mit normaler Tonlage gut verstehen kannst, realisiert es in diesem Moment nicht. Dein Kind hat eher das Gefühl, dass du es nicht verstehen kannst oder willst, und steigert sich dann noch mehr in einen großen Wutanfall hinein. Wenn dann das Kind auch noch angeschrien wird, schreien sich beide an, ohne dass es etwas Positives bewirken kann. Die Lage spitzt sich zu und die Lautstärke und Tonlage verunsichern das Kind nur noch mehr. Je lauter deine Stimme wird, desto mehr fühlt dein Kind sich in die Enge getrieben. Bedenke dies, wenn du bei einem Wutausbruch deines Kindes immer lauter wirst. So kann nämlich kein Wutausbruch gelöst werden, sondern er wird nur noch schlimmer.

# Schimpfen und Schreien in der Autonomiephase

## Warum man das Schreien vermeiden sollte

Wenn du dein Kind innerhalb eines Wutanfalls anschreist, erschwerst du dir damit dein eigenes Leben unnötig[9]. Du musst immer im Hinterkopf haben, dass dein Kind sich nicht aus böser Absicht dir gegenüber so verhält. Wenn dein Kind versucht, länger aufzubleiben, gerne ein anderes Paar Schuhe anziehen möchte, obwohl es bereits ein Paar an hat, sich doch noch im letzten Moment für eine andere Jacke entscheidet oder einfach nicht ins Bett gehen möchte, testet dein Kind sich selbst und seine eigenen Grenzen aus. Es ist nicht das primäre Ziel, die Eltern zu nerven oder einen Streit zu provozieren, sondern sich selbst zu finden.

Dies ist ein enorm wichtiger Lernprozess, der von jedem Kind durchgemacht werden muss. Doch anstatt dein Kind anzuschreien, kannst du ihm dabei helfen, zu lernen, dass auch „ungeliebte" Aufgaben zum Alltag gehören und geregelt werden müssen.

---

[9] Quelle: https://www.baby-und-familie.de/Erziehung/Kinder-nicht-mehr-anschreien-So-klappts-519269.html

Beispielsweise kannst du deinem Kind dabei helfen, das Kinderzimmer aufzuräumen, anstatt diesbezüglich dein Kind anzuschreien.

Die Psyche eines kleinen Kindes ist so empfindlich und verletzlich, dass es durch Beleidigungen und Anschreien nachhaltig geschädigt werden kann. Zusätzlich kann das Verhältnis zwischen den Eltern und dem Kind dauerhaft beeinträchtigt werden, wenn sich alle nur noch anschreien und keiner mehr Ruhe bewahrt, um die Situation in liebevoller Art und Weiße zu klären.
Außerdem haben Forscher der University of Pittsburgh herausgefunden, dass ein körperlicher und ein verbaler Angriff gegen ein Kind ein fast identisches Ausmaß hat. Ein Kind, das von seinen Eltern angeschrien wird, kann demnach fast die gleichen Schmerzen verspüren wie ein Kind, das von seinen Eltern einen Schlag ins Gesicht bekommen hat. Erschreckend, oder?

*„Die Qualität von Eltern bemisst sich nicht nach den Regeln, die sie ihren Kindern vorgeben, sondern nach der Art ihrer Reaktion, wenn diese Regeln gebrochen werden."*

Jesper Juul

## 1x1 des Schimpfens

Das Anschreien an sich ist ein Zeichen von persönlicher Schwäche. Doch auch in ruhiger Tonlage können Dinge gesagt werden, die nicht gesagt werden sollten.

**Beispielsweise:**

„Du bist so blöd."
„Wenn du dies oder jenes nicht tust, habe ich dich nicht mehr lieb."
„Du konntest schon damals nichts."

Solche Sätze können mindestens genauso verletzen, auch wenn sie leise ausgesprochen werden. Zusätzlich solltest du unbedingt auf jegliche Form der emotionalen Erpressung verzichten. Sätze wie: „Wir kuscheln heute Abend nur, wenn du jetzt lieb bist.", sollten gänzlich vermieden werden. Hierdurch bekommt das Kind nämlich das Gefühl, dass Liebe an Bedingungen geknüpft ist.

Doch wie schaffen wir es, ohne zu schreien einem „Wutkind" entgegenzukommen?
Behalte als Erstes Folgendes im Hinterkopf: Wer unrecht hat, schreit, denn die, die im Recht sind, brauchen nicht zu schreien.
Wenn du also weißt, dass du in der jetzigen Stresssituation im Recht bist, erinnere dich, dass Schreien keine Alternative ist. Zeige deinem Kind

unbedingt seine Grenzen und gib auch innerhalb eines Wutanfalls auf keinen Fall nach. Die Kinder befinden sich in einer Autonomiephase, in denen sie ihre Grenzen entdecken und austesten möchten. Insofern keine Regeln oder Grenzen gesteckt werden, kann das Kind diese auch nicht einhalten, entdecken und sich nicht mal an ihnen orientieren.
Wenn das Kind beispielsweise weint, weil es so kurz vorm Abendessen keinen Joghurt essen darf, musst du einfach standhaft bleiben. Wenn das Kind lernt, dass zwar Grenzen gesteckt, aber diese nicht eingehalten werden, verlieren sie Stück für Stück ein bisschen Respekt, und je älter die Kinder werden, desto schwerwiegender wird das Problem.

Wichtig ist außerdem, Wutszenen zu reflektieren. Häufig kann dies dabei helfen, seinen eigenen Blickwinkel oder auch den Blickwinkel deines Kindes, nachhaltig zu verändern. Je nachdem, in welchem Alter dein Kind sich befindet, kannst du die Wutszenen alleine oder mit deinem Kind gemeinsam reflektieren.

Fragen, die du dir dabei stellen solltest, sind beispielsweise:

- Wie ist es zu dieser Situation gekommen?
- Wie habe ich reagiert?
- Würde ich in derselben Situation morgen anders reagieren?
- Gab es diese Streitsituation, weil ich etwas falsch gemacht habe?

## Schwierige Alltagsaufgaben müssen spielerisch gelöst werden

Wer kennt es nicht, das lästige Zähneputzen am Abend oder der Dauerkampf beim Zimmer aufräumen. Viel sinnvoller ist es, dass für solche Alltagsaktivitäten generell genügend Zeit eingeplant wird. Suche außerdem das Gespräch mit deinem Kind, auch wenn du glaubst, dass es hierfür noch zu jung sei. Erkläre, warum es notwendig ist, die Zähne zu putzen oder das Zimmer aufzuräumen, und beweise hierbei Fingerspitzengefühl.
Besonders in schwierigen Situationen benötigt das Kind Erklärungen, um die Situation einschätzen und verstehen zu können.

## Räume deinem Kind Zeit ein

Wenn dein Kind wegen einer Lappalie völlig ausrastet, bedränge es nicht, schrei es nicht an und rede nicht auf es ein. Wenn das Kind erst einmal explodiert ist, benötigt es Raum, um seine Emotionen rauszulassen. Erst danach ist dein Kind wieder ansprechbar und erreichbar für Lösungen oder Erklärungen.

## Gib deinem Kind stets das Gefühl, dass du es ernst nimmst

Dies ist deutlich sinnvoller, um ein Kind bei einem Wutanfall zu beruhigen, als zu schreien. Wahre die nötige Distanz oder Nähe zu deinem Kind. Es gibt Kinder, denen es bei einem Wutanfall hilft, wenn sie von ihren Eltern leicht in den Arm genommen werden, denn dies wird häufig als Zeichen der Vertrautheit wahrgenommen und die Kinder haben das Gefühl, sich in die sicheren Arme fallen lassen zu können. Doch noch viel mehr Kinder können mit Nähe bei einem Wutanfall nichts anfangen. Sie steigern sich erst recht in ihren Wutanfall rein, je näher man ihnen kommt. Schätze dein Kind in dieser Situation richtig ein. Du kannst dein Kind vorsichtig berühren, um so abschätzen zu können, ob es deine Nähe oder doch lieber Abstand möchte. Jegliches Szenario, das dafür sorgt, dass dein Kind sich noch mehr in die Ecke gedrängt fühlt, verschlechtert die Situation wesentlich.

## Nimm dich selbst zurück.

Auch wenn wir als Eltern häufig das Gefühl haben, dass unsere Kinder nur so handeln, um uns zu ärgern, entspricht dies nicht der Wahrheit. Es geht hierbei nicht um uns, sondern um ein Problem, welches das Kind hat. Demnach sollten auch nicht wir, sondern das Kind selbst im Fokus der Lösung stehen.

Auch wenn dein Kind in einer extremen Phase für dich nicht mehr greifbar zu sein scheint und du dir total unsicher bist, wie du dich am besten verhalten solltest, denke an die vier wichtigsten Regeln:

1. Fasse dein Kind niemals grob an.
2. Schreie dein Kind niemals an, auch wenn das eine der größten Herausforderungen sein mag.
3. Handle stets liebevoll und mit Fingerspitzengefühl.
4. Denke immer daran: Dein Kind macht das nicht, um dich zu verletzen.

# Bindung und Eingewöhnung

## Die Bindung zwischen Eltern und Kind

Für Kinder ist es sehr wichtig, sowohl eine vertrauensvolle als auch eine verlässliche Beziehung zu den Eltern zu haben. Bereits nach der Geburt benötigt dein Kind maximale Sicherheit, um die Welt erforschen zu können. Nach der Geburt ist dein Baby auf die Bezugspersonen fixiert, um die Bedürfnisse der Geborgenheit und der Nähe erfüllt zu bekommen. Eine intakte, liebevolle und fürsorgliche Bindung zwischen Eltern und Kind ist für das Neugeborene überlebenswichtig. Ohne Schutz, menschliche Nähe und Zuwendung könnte dein Baby nicht heranwachsen.

Auch, um die natürliche Neugier und den bereits angeborenen Erkundungsdrang nachkommen zu können, benötigt dein Baby zwingend Sicherheit und Schutz. Das erfährt dein Kind durch eine zuverlässige Beziehung zur Mutter und zum Vater. Sich festklammern, rufen und das typische „Nähe suchen", gehören zum Bindungsverhalten eines jeden Babys. Dies liegt daran, dass das Baby bedrohliche Situationen fürchtet und bei dir Schutz und Nähe sucht. Hierdurch entsteht eine dauerhafte Bindung zwischen dem Baby, der Mama und dem Papa.

Doch auch im Alltag spielt die Bindung zwischen Eltern und Kind eine entscheidende Rolle. Denn je enger die Bindung zu einem oder zu beiden Elternteilen ist, desto besser kann das Kind sich entfalten. Wenn dein Kind weiß, dass du immer für es da bist, hat dein Kind weniger Angst, dass etwas schiefgehen könnte. Außerdem führt eine bessere Bindung dazu, dass dein Kind keine Angst davor hat, dir alles zu erzählen.

## Die Eingewöhnung eines Kindes in der Trotzphase

Gerade die Eingewöhnungszeit in einer Kita oder bei einer Tagesmutter stellt insbesondere in der Trotzphase, eine große Herausforderung dar. Die Eingewöhnungszeit an sich ist sowohl für Eltern als auch für das betroffene Kind nicht einfach.

Hier erfährt ein Kind eine regelmäßige längere Trennungszeit von den Eltern. Umso wichtiger ist es, dass die Eingewöhnungszeit so reibungslos wie möglich vonstattengehen kann. Die Eingewöhnung an sich ist ein wichtiger Bestandteil, um das Kind auf die anstehenden Veränderungen vorzubereiten. Meistens bleiben die Kinder an den ersten Tagen nur ein paar Stunden, und zwar mit Mama oder Papa, in der Betreuung. Das Prozedere wird ein paar Tage

wiederholt, damit das Kind die neue Umgebung und die neuen Leute kennenlernen kann.
Erst wenn hierbei das Gefühl aufkommt, dass es für das Kind in Ordnung sein könnte, dass Mama oder Papa den Raum verlassen, findet die erste kurze Trennungsphase statt.

Vom ersten Eingewöhnungstag bis hin zum Ende der Eingewöhnung liegt ein nicht allzu leichter Weg vor den Eltern. Die Kinder weinen, schreien und müssen sich selbst erst einmal an die neue Situation gewöhnen. Das Mutter- oder Vaterherz möchte das Kind am liebsten wieder mitnehmen.
Eine Eingewöhnung sollte grundsätzlich langsam, in Absprache zwischen der Betreuungskraft und den Eltern und mit Fingerspitzengefühl durchgeführt werden. Die Eingewöhnungszeit sollte lieber ein paar Tage mehr in Anspruch nehmen, als dass sie zu schnell durchgeführt wird. Je leichter du den Einstieg für dein Kind gestaltest, desto weniger Probleme wird dein Kind in der Kita haben.
Doch auch wenn dein Kind bereits ein paar Monate in die Kita geht, können immer noch heikle Situationen auftreten: Beispielsweise, wenn der Kindergarten in den Sommerferien drei Wochen geschlossen hat, dein Kind sich in dieser Zeit daran gewöhnt hat, nicht in die Kita zu müssen, und jetzt lieber bei dir bleiben möchte. Hier muss dein Kind, nach der langen Kita Pause teilweise auch erst wieder lernen, dass eine erneute Trennung stattfindet. Zeit, Geduld und für das

Kind da zu sein, sind die wichtigsten Schlüssel für eine erfolgreiche Eingewöhnung.

**Praxisnahe Beispiele:**

Wenn dein Kind in der Eingewöhnungszeit, vor allem innerhalb der ersten Tage, signalisiert: „Ich will hier raus.“, dann nimm dein Kind und fahre direkt nach Hause. Das wird bei den Betreuungseinrichtungen im Vorfeld auch genauso mit den Eltern besprochen. Denn es ist wichtig, dass das Kind immer das Gefühl hat, dass es jederzeit nach Hause kann, wenn etwas nicht stimmt. Verlange von deinem Kind nicht, direkt mit anderen Kindern spielen zu müssen. Wenn dein Kind innerhalb der Eingewöhnungsphase zu anderen Kindern geht und mit ihnen spielen möchte, ist das super. Doch wenn die anderen Kinder deinem Kind noch „unheimlich“ erscheinen, ist dies auch in Ordnung. Gib deinem Kind Zeit, damit es sich frei entfalten kann. Kinder handeln hierbei intuitiv und da sollten weder Erzieher noch Eltern eingreifen.

Genau dasselbe gilt bei den Erziehern.
Dein Kind muss nicht direkt Kontakt zu den Erziehern suchen, erst recht nicht in den ersten Tagen. Es ist völlig in Ordnung, wenn dein Kind zuerst die Umgebung und die Spielzeuge erkunden möchte. Eine Bezugsperson unter den Erziehern wird dein Kind häufig erst im Laufe der Zeit suchen. Denn dafür muss dein Kind der Erzieherin vertrauen.

Dies geht nicht von heute auf morgen, sondern entwickelt sich ganz natürlich mit der Zeit.

Dein Kind muss außerdem nicht perfekt funktionieren, weder zu Hause noch in der Kita. Alle sitzen am Esstisch, nur dein Kind läuft herum und sucht Spielzeug. Für genau solche Situationen sind die Erzieher geschult. Aus gemachten Erfahrungen und mithilfe der Erzieher lernt dein Kind schnell und spielerisch, wie es sich in einer Gruppe zu verhalten hat.

# Kommunikation und Sprache

## Was versteht man genau unter dem Begriff Kommunikation?

Wir kommunizieren alle täglich, jedoch auf eine unterschiedliche Art und Weise.
Eine Kommunikation bildet grundsätzlich die Basis für ein menschliches Zusammenleben. In jeder Form einer Beziehung findet sowohl eine bewusste als auch eine unbewusste Kommunikation statt. Ein Leben zu führen ohne jeglichen Kontakt zu anderen Menschen, ist fast unmöglich. Sei es die Frau an der Supermarktkasse oder der Kassierer an der Tankstelle. In irgendeiner Form sind wir immer genötigt, mit anderen Menschen zu kommunizieren, und das ist auch gut so. Die Art der Kommunikation hängt davon ab, ob es sich um eine positive oder eine negative Situation handelt.
Wenn sich zwei Menschen in einem Streitgespräch befinden, ist die Kommunikation als negativ einzustufen. Wenn sich diese jedoch gemeinsam über etwas Schönes unterhalten, läuft die Kommunikation positiv.

Der Begriff „Kommunikation", hat seinen Ursprung im Lateinischen und leitet sich von dem lateinischen Wort communicatio ab, das so viel bedeutet wie

„Unterredung oder Mitteilung“. Wenn von Kommunikation die Rede ist, wird meist ein Austausch oder eine Verständigung zwischen mindestens zwei Personen verstanden, die sowohl mithilfe von Zeichen als auch mithilfe von Sprache abläuft. In der Fachsprache spricht man hier vom Sender-Empfänger-Modell. Der Sender einer Nachricht sendet durch das Ausgesprochene eine Information, die der Empfänger empfängt.

Außerdem wird unterschieden zwischen der verbalen und der nonverbalen Kommunikation.
Du wirst wahrscheinlich in der Vergangenheit bereits einige Erfahrungen gesammelt haben, dass man nicht nur mithilfe der Sprache kommunizieren kann, sondern auch mithilfe von Gesten, Mimiken und einer dementsprechenden Körperhaltung.
Es ist beispielsweise möglich, dass dein Kind mit einem wutverzerrten Gesicht vor dir steht, die Arme verschränkt hält und du bemerkst, dass es sauer ist, ohne dass dein Kind dafür auch nur ein einziges Wort gesagt haben muss. Deshalb ist es wichtig, auf der einen Seite dem Kind zuzuhören, auf der anderen Seite aber auch dem Kind zuzuschauen. Außerdem ist es ab einem gewissen Alter in der Lage zu sagen, dass es ihm gut geht, obwohl dies sichtlich nicht der Fall ist.
Es ist wichtig, das Kind immer ganzheitlich zu betrachten.

## Was ist eine gewaltfreie Kommunikation?

*„Psychische Strafen wirken wie Hämatome auf die Seele, deren Heilung oft langwierig ist."*

Katharina Saalfrank

Was sich genau hinter dem Begriff „gewaltfreie Kommunikation"[10] befindet, ist den meisten Menschen klar. Bei einer gewaltfreien Kommunikation handelt es sich um eine menschliche Kommunikationsebene, die komplett ohne Gewalt auskommt. Besonders die gewaltfreie Kommunikation nach Marshall B. Rosenberg, gilt als eine Art der Sprache, die mittels eines vertrauensvollen Kommunikationsflusses Menschen ermöglicht, eine gute Kommunikation auf vertrauensvoller Basis mit viel Verständnis führen zu können. Selbstverständlich gibt es gerade bei Kindern in der Trotzphase schwerwiegende Diskussionen oder Streitgespräche. Eine gewaltvolle Kommunikation ist hier strengstens verboten.

Jeder Klaps auf den Po, jede noch so kleine Backpfeife oder auch nur ein zu starkes Festhalten, sind absolute No-Gos. Ein Kind muss gewaltfrei

[10] Quelle: https://www.soft-skills.com/gewaltfreie-kommunikation/

erzogen werden und es muss zu jederzeit sichergestellt sein, dass dieses auch gewaltfrei aufwächst. Denn umso liebevoller und einfühlsamer die Kommunikation zwischen deinem Kind und dir vonstattengeht, desto wertschätzender wird eure Beziehung sein. Das Vertrauen dir gegenüber wächst mit jeder doppelt schwierigen Situation, die ihr gemeinsam in Ruhe übersteht. Dies gibt einem Kind nämlich das Gefühl, dass auch in schwierigen Zeiten Mama oder Papa da sind, und es nicht noch mehr zu befürchten hat.

Auch wenn bei dem Wort Gewalt häufig an körperliche Gewalt gedacht wird, fällt hierunter auch die verbale Gewalt.
Emotionale Erpressung und Beleidigungen oder sonstige Handlungen, die in diese Richtung gehen, sind genauso strengstens verboten wie körperliche Gewalt. Innerhalb der gewaltfreien Kommunikation wird vor allem versucht, die Aufmerksamkeit auf das zu richten, was gerade benötigt wird, anstatt diese zu verschwenden, um sich über Dinge aufzuregen, die falsch gelaufen sind.

## Wie spreche ich mit meinem Kind / meinen Kindern am besten?

Beim Sprechen untereinander kommt es nicht nur darauf an, was man für Worte wählt, sondern auch wie man diese sagt. Besonders die Tonlage, die wir beim Sprechen nutzen, hat einen Einfluss auf unser Gespräch. Kannst du dir vorstellen mit wütender Stimme eine positive Nachricht übermitteln zu können?
Die Tonlage und wie wir etwas sagen sind genauso wichtig wie die Aussage selbst. Meist wird die Tonlage, also ob wir lauter werden oder nicht, unbewusst gewählt, beispielsweise in einer Situation, in der wir uns sehr über unseren Gesprächspartner ärgern. Doch wir können hier aktiv handeln.

Wenn du dich in einem Streitgespräch mit deinem Kind befindest, dieses dich anschreit und du merkst wie deine Wut wächst, kannst du ganz bewusst auf deine Tonlage genauso wie auf die Sätze, die du sagst, achten.
Atme lieber einmal tief durch und überlege, was du wie sagen möchtest, bevor du unüberlegt drauf los schreist. Dinge, die einmal gesagt wurden, können nicht mehr zurückgenommen werden.

Auch mit Worten können wir Kinder ganz enorm verletzen. Daher ist es als Elternteil unsere Pflicht, es nicht soweit kommen zu lassen. Außerdem schadet

ständiges Geschrei auch deiner Stimme. Wenn du jeden Tag über mehrere Stunden schimpfen oder schreien musst, kann dies bei dir persönlich zu Verzweiflung, Kopfschmerzen oder bis hin zu einer Stimmbandreizung führen. Bei Kindern hingegen kann ständiges Geschrei der Eltern beispielsweise zu Ohren- oder auch Bauchschmerzen führen.
Hier ist es deutlich empfehlenswerter, Dinge in Ruhe zu besprechen. Du musst nicht leise mit deinem Kind sprechen, nur, weil du es nicht anschreien sollst. Empfehlenswert ist es, klar und deutlich mit deinem ihm zu reden. Insofern es sich um ein ernstes Thema handelt, solltest du außerdem vermeiden, dabei zu lachen. Ob es sich um ein ernstes oder um ein spaßiges Thema handelt, dein Kind ahnt es auch aufgrund deiner Körpersprache.

Deinem Kind ist es nicht möglich, dich ernst zu nehmen, wenn du zum Beispiel eine Strafe aussprichst, dabei aber lachst. Bei längeren Diskussionen ist es außerdem empfehlenswert, ein Glas Wasser zu trinken, um keinen trockenen Hals zu bekommen.
Sei zu deinem Kind innerhalb eines ernsten Gespräches auch ehrlich. Sobald dein Kind merkt, dass du es bei diesen Gesprächen anlügst, nehmen sie dich in ähnlichen folgenden Situationen nicht mehr ernst. Ein respektvolles Miteinander ist auch schon bei kleinen Kindern wichtig, damit diese lernen, sich ebenfalls respektvoll anderen gegenüber zu verhalten.

Am besten solltest du immer die gewaltfreie Kommunikation wählen, nicht nur im Gespräch mit deinen Kindern, sondern mit der ganzen Familie.

## Eine gewaltfreie Kommunikation basiert vor allem auf vier Punkten:

### *Die Beobachtung:*

Beobachte die Situation, in der du dich gerade befindest. Wie siehst du die aktuelle Situation und wie schätzt du diese ein? Handelt es sich um ein unnötiges Streitgespräch oder liegt ein handfestes Problem vor? Beurteile für dich die Situation, um einschätzen zu können, wie ernst die Lage ist.

### *Das Gefühl:*

Hinterfrage dich, was für eine emotionale Reaktion die aktuelle Situation bei dir auslöst. Wie fühlst du dich, wenn dein Kind wieder einmal an der Supermarktkasse so einen Aufstand gemacht hat, dass der ganze Supermarkt dich angestarrt hat?

### *Das Bedürfnis:*

Das Bedürfnis spielt ebenfalls eine wichtige Rolle. Frage dich ob dein Bedürfnis, beispielsweise entspannt alleine einkaufen zu gehen, größer ist, als dies zwar mit deinem Kind, dafür aber unter Stress zu erledigen.

***Die Bitte:***

Hierbei muss zum einen hinterfragt werden, was du selbst tun kannst, um die aktuelle Situation zu verändern. Auf der anderen Seite geht es aber auch darum, eine Bitte zu formulieren, um eine Situation sachlich klären zu können, etwa: „Wenn wir das nächste Mal einkaufen gehen, möchte ich nicht, dass du dich an der Kasse auf den Boden schmeißt".

Je intensiver und genauer eine Situation sowohl vor Ort als auch reflektierend im Nachhinein begutachtet werden kann, desto leichter lässt sich eine Lösung finden, wie eine solche Situation in Zukunft vermieden werden kann. Es sollte niemals die Schuld alleine bei den Kindern oder bei den Eltern gesucht werden. Hierbei ist es viel wichtiger, zu erkennen, was in Zukunft beide Seiten innerhalb ihrer Möglichkeiten anders gestalten können.
Um so eine Analyse durchführen zu können, hat Gewalt, egal ob körperlich oder verbal, keinen Platz!

# Mit Händen und Füßen

## Gewalt in der Trotzphase

Innerhalb einer Trotzphase gibt es nicht nur die Gefahr, dass die Eltern eine Grenze überschreiten, sondern auch die Kinder selbst kratzen, hauen, beißen, spucken und schlagen teilweise wild um sich. Vor allem die Gefahr der Selbstverletzung ist in der Autonomiephase ein großes Thema.

Bei unkontrollierten Gefühlsausbrüchen hat das Kind sich selbst und seinen Körper nicht mehr richtig unter Kontrolle. Also kommt es auch häufiger vor, dass das Kind beispielsweise wütend wegrennt und vor einen Schrank oder Ähnliches läuft.
Auch Szenarien in denen ein Kind den Kopf auf den Fußboden oder vor den Türrahmen haut, weil es etwa das Lieblingskuscheltier nicht mit ins Schwimmbad nehmen darf, sind nicht selten.
Dabei hat es nicht den Wunsch, sich selbst zu verletzen, da es dies noch gar nicht einschätzen kann, sondern es weiß einfach nicht, wohin mit den ganzen Emotionen.

Hast du solche oder ähnliche Situationen auch mit deinem Kind erlebt?
Das Ganze geschieht intuitiv, aus dem Bauch heraus, und wird im Vorfeld nicht vom Kind durchdacht. Erst

mit selbst gemachten Erfahrungen und zunehmendem Alter lernt das Kind, dass gewisse Reaktionen oder Handlungen, schmerzhaft sein können. Wenn es also zum ersten Mal mit dem Kopf auf den Boden schlägt, weil es sich so sehr ärgert, spürt es den Schmerz sofort. Ab einem gewissen Alter ist es auch in der Lage, sich diesen Schmerz zu merken und solche Situationen zu vermeiden.

Anders sieht es aus, wenn dein Kind dich schlägt, beißt oder tritt. Denn hierbei erfolgt keine direkte Schmerzverknüpfung. Wenn dein Kind dich tritt, verspürt es in aller erster Linie selbst keinen Schmerz, sondern benutzt sein Verhalten wie ein Ventil, um seine angestaute Wut loszuwerden. Deshalb ist es auch deutlich schwieriger, Kindern abzugewöhnen, anderen Personen im unkontrollierten Wutausbruch Schmerzen zu zufügen.
Hier ist es für dich wichtig, im Hinterkopf zu behalten, dass, selbst wenn dein Kind lacht, während es dich schlägt, meist selbst nicht wirklich weiß, was es da gerade tut. Es schlägt dich nicht, um dich zu verletzen oder dich aufzuregen. Es benutzt lediglich seine Hände und Füße, um seinen Willen in der Autonomiephase durchsetzen zu können. Ihnen zu erklären, dass dies nicht der richtige Weg ist und es diesbezüglich Alternativen gibt, ist unsere Aufgabe.

Kinderärzte haben außerdem festgestellt, dass Verletzungen in der Autonomiephase bis zu einem gewissen Maß normal sind. Schwerwiegende Verletzungen hingegen, die das Kind sich selbst beigebracht hat, kommen bei normal entwickelten Kindern nicht vor.

Sollte dein Kind sich also schwerwiegend selbst verletzen, ist ein Gespräch mit dem Kinderarzt sinnvoll. Denn ab einem gewissen Alter ist dein Kind in der Lage, abzuschätzen, was passiert, wenn es mit voller Wucht absichtlich gegen eine Wand läuft. Wenn es sich regelmäßig selbst verletzt, ist eine Untersuchung des Kindes zwingend notwendig. Denn das Ziel eines Wutanfalls ist es, an das zu gelangen, was es gerne haben oder machen möchte. Es erhofft sich einen Vorteil aus der Situation. Sich dabei aber selbst zu verletzen, würde nicht diesen Zielen entsprechen und kommt daher bei altersgerecht entwickelten Kindern auch nicht vor.

## Tipps und Tricks, wie es klappt, Grenzen zu setzen

Bei der Frage, wie es tatsächlich gelingen kann, einem „Trotzkind“ Grenzen zu setzen, ist eine Sache zu Beginn besonders wichtig.
Es handelt sich bei deinem Kind immer noch um ein und dasselbe Kind, das es noch vor ein paar Wochen

vor der Autonomiephase war. Die Trotzphase, in der sich dein Kind aktuell befindet, ist evolutionsbedingt so vorgesehen und ein wichtiger Bestandteil der kindlichen Entwicklung.

Dein Kind hat weder eine Verhaltensstörung, noch hast du einen Fehler in der Erziehung gemacht. Wichtig ist, klar abgesteckte Grenzen zu setzen und diese auch zu formulieren, wie zum Beispiel eine festgelegte Uhrzeit, wann das Kind in der Woche ins Bett muss. An solchen Grenzen führt kein Weg vorbei, da diese sich jeden Abend wiederholen und eingehalten werden müssen. Egal ob das Kind schreit, weint oder mit dir diskutieren möchte, je stärker du diese Grenze vertrittst, desto eher wird dein Kind begreifen, dass es nicht daran vorbeikommt, sich an diese Grenze zu halten. Grenzen sollten jedoch nicht zu eng gesteckt werden. Dein Kind muss in der Lage sein, sich innerhalb der gesteckten Grenzen selbst entdecken und entwickeln zu können. Wenn ihr beispielsweise die Abmachung habt, dass dein Kind unter der Woche um 19:00 Uhr ins Bett gehen muss, es bis dahin aber spielen kann, womit es möchte, muss deinem Kind auch gestattet sein, um 18:50 Uhr noch die Knete herausholen zu dürfen.

Regelungen und besonders Abmachungen zwischen deinem Kind und dir müssen von beiden Seiten eingehalten werden.
Wenn die Eltern die Regeln und Grenzen zu schwach einhalten und eher Ausnahmen zur Regel werden,

lernen Kinder schnell, dass sie sich nicht an vereinbarte Grenzen halten müssen. Besonders dann, wenn es hierfür keine Konsequenzen gibt, verschwindet immer mehr die Hemmschwelle der Kinder, Dinge zu tun, die sie eigentlich nicht dürfen. Dies kann auch für das spätere Leben des Kindes sehr problematische Folgen haben.
Du solltest nie nachgeben, nur, weil du einen Streit fürchtest. Sofern ihr klare Grenzen ausgemacht habt, habt ihr auch gute Gründe dafür. An diesen Gründen kannst du dich orientieren, wenn es darum geht, dass dein Kind dies oder jenes jetzt nicht darf.

Grundsätzlich sollten Sätze wie:
„Das ist jetzt einfach so."
„Weil ich es sage."
„Das musst Du nicht verstehen"
aus dem Wortschatz verschwinden.

Je schwieriger etwas für deine Kinder nachvollziehbar ist, desto weniger werden sie sich an die vereinbarten Regeln halten können. Versuche deshalb so präzise und einfach wie möglich, deinem Kind beizubringen, warum dieses oder jenes nicht funktioniert. Zusätzlich solltest du darauf verzichten, Dinge im Alltag zu verallgemeinern.

Sätze wie: „
Nie hörst du auf mich.", oder: „Immer muss ich dir alles zweimal sagen", schaden deinem Kind nur. Außerdem handelt es sich hierbei nicht um

wahrheitsgemäße, sondern um emotional geleitete Aussagen.

Nimm ein „Nein“ deines Kindes ernst, aber ordne es auch richtig ein. Wenn dein Kind sich gerade in der Trotzphase befindet, wirst du deutlich häufiger „Nein“ als „Ja“ hören. Dies ist entwicklungsbiologisch so vorgesehen und sichert die eigene Entwicklung des Kindes. Handelt es sich bei dem ausgesprochenen „Nein“ um eine Trotzreaktion oder möchte dein Kind dies oder jenes tatsächlich nicht?
Wenn du dein Kind beispielsweise während eines Wutanfalls auf den Arm nehmen möchtest und dieses Nein schreit, wäre es sehr kontraproduktiv, wenn du es trotzdem auf den Arm nehmen würdest. Wenn es in einer anderen Situation einfach nur aus einer Trotzreaktion zu allem Nein sagt, kannst du aus Erfahrungen erahnen, ob dein Kind dies tatsächlich so meint oder nicht. Dementsprechend bleibt dir dann auch ein gewisser Spielraum, wie du dich deinem Kind gegenüber verhalten kannst.

Versuche deinem Kind Freiräume einzuräumen, sofern diese nicht fürs Kind gefährlich werden können. Den eigenen Willen auszutesten und auch das Scheitern kennenzulernen, sind ebenfalls wichtige kindliche Entwicklungsschritte. Dies kann dazu führen, dass dein Kind verzweifelt ist, weil etwas nicht funktioniert hat. Doch so schmerzhaft diese Situationen auch für die zuschauenden Eltern sein mögen, sind sie für die Kinder unabdingbar.

Kinder müssen feststellen, dass ihnen nicht alles gelingt, dass dies aber auch nicht schlimm ist.

Ein gutes Beispiel für eine solche Situation ist das Anziehen einer Jacke.
Dein Kind lässt sich morgens, wenn ihr zur Kita fahren müsst, nicht anziehen?
Wenn dein Kind in dem „Ich-mache-alles-selber-Modus“ ist, lass ihm die nötige Zeit, auszuprobieren, ob es selbst die Jacke anziehen kann. Selbst wenn dies nicht der Fall sein sollte, lernt es daraus, dass es hierfür noch Hilfe benötigt. Wenn man es nicht schafft, Kleinkinder innerhalb ihrer eigenen Selbstfindung zu unterstützen, und stattdessen mit zu vielen „Mama macht das schon“ das Kind an seiner Selbstständigkeit hindert, hat dies ernsthafte Konsequenzen.
Die Kinder entwickeln sich meist nicht altersgerecht, haben ein unverkennbar geringeres Selbstwertgefühl und fühlen sich deutlich stärker abhängig als andere Kinder im selben Alter.

Einigkeit in der Erziehung ist zusätzlich wichtig. Wenn du deinem Kind klare Grenzen setzt und diese auch einhältst, der Papa hingegen dem Kind alles durchgehen lässt, wird es kann.
Besprich dich also im Vorfeld mit deinem Partner bevor Grenzen gesetzt werden, sodass ihr gemeinsam an einem Strang ziehen könnt.
Auch andere müssen zur Verantwortung gezogen werden dürfen. Wenn dein Kind beispielsweise eine

Lebensmittelallergie hätte, würde keiner der Verwandten oder Freunde darauf kommen, deinem Kind dieses Lebensmittel zu geben. Wenn jedoch Grenzen von Eltern aufgestellt werden, fällt es den Verwandten häufig deutlich schwerer, diese auch einzuhalten, wenn das Kind bei Ihnen ist.

**Ein Beispiel:**

Wenn ein Kind im Alter von vier Jahren nicht alleine vor die Tür darf, auch nicht auf den Spielplatz direkt vor dem Haus, ist es genauso wichtig, dass es auch bei der Verwandtschaft oder bei Bekannten nicht alleine vor die Tür gehen darf.
Denn sobald das Kind lernt, dass es woanders möglich ist, alleine vor die Tür zu gehen, wächst die Gefahr, dass es dies auch zu Hause ausprobiert. Hier ist der Stress dann bereits vorprogrammiert!
Sprich im Vorfeld mit deinem Umfeld ab, was bei euch erlaubt ist und was gar nicht geht.

Natürlich sind besonders Oma und Opa nicht ansatzweise so streng mit dem Enkelkind wie Mama und Papa. Nichtsdestotrotz muss die Familie immer das Wohl des Kindes im Auge behalten.
Und wenn ein Kind in einer so schweren Phase, wie der Autonomiephase, bei verschiedenen Menschen unterschiedliche Dinge darf oder nicht, wird es nur unnötig überfordert und durcheinandergebracht. Die

Erziehungsberechtigten sind die Einzigen, die erziehungsberechtigt sind, sonst niemand.

Als Eltern habt ihr außerdem das Aufenthaltsbestimmungsrecht. Wenn du also das Gefühl hast, das dein Kind bei Tante XY nicht gut aufgehoben ist, da sie deinem Kind gefährliche Dinge zeigt oder es in gefährliche Situationen bringt, kannst du ohne schlechtes Gewissen bestimmen, das es zu dieser Tante nicht mehr alleine hingehen darf. Denn in erster Linie geht es um das Wohl deines Kindes, nicht um das Wohl der Tante!

# Wahrnehmung und Sinne in der Autonomiephase

## Die 7 Sinne

Für die Wahrnehmung eines Menschen sind die sieben Sinne unabdingbar. Unter unseren sieben Sinnen versteht man:

- Den Sehsinn (durch die Augen).
- Den Geruchssinn (durch die Nase).
- Den Gehörsinn (durch die Ohren).
- Den Haut- oder auch Tastsinn (durch die Haut).
- Den Geschmackssinn (durch die Zunge).
- Den Bewegungssinn und den Gleichgewichtssinn.

Doch wann genau erlangen wir diese Sinne?
Bereits mit der Geburt sind bei jedem Menschen alle sieben Sinne vorhanden.
Die einen sind etwas stärker, die anderen etwas schwächer ausgeprägt. Insgesamt dauert es jedoch Jahre, bis die komplette Wahrnehmung vollständig ausgeprägt ist. Die sieben Sinne arbeiten gemeinsam in einem sogenannten Wahrnehmungssystem, das erst im Laufe der Jahre entwickelt wird.
Deshalb ist es empfehlenswert, Kinder so früh wie möglich (frühestens aber ab dem ersten Lebensjahr)

diesbezüglich zu fördern. Habe immer im Hinterkopf, dass je vielseitiger dein Kind in seinen ersten Lebensjahren handelt, sich bewegt, spielt oder auch gewisse Dinge nachfühlen kann, desto ausgeprägter werden später seine Wahrnehmungen werden.
Auch der Realitätssinn, der sich ebenfalls erst mit den Jahren entwickelt, und die Konzentrationsfähigkeit werden durch eine Frühförderung deutlich besser ausgeprägt.

Für einen Menschen ist es wichtig, sich auf sich selbst verlassen zu können. Hierzu zählen ebenfalls unsere eigenen sieben Sinne. Stell dir vor, du öffnest einen Joghurt, du kannst das Verfallsdatum nicht lesen, du kannst auch nicht sehen, ob der Joghurt sich in seiner Textur verändert hat, deine Nase riecht keinen verdorbenen Geruch und deine Zunge schmeckt nicht, dass der Joghurt abgelaufen ist. Dann könnte es zu einer gravierenden Erkrankung, gegebenenfalls sogar bis hin zu einer Lebensmittelvergiftung kommen.

Jeder Mensch ist somit auf seine sieben Sinne angewiesen und je besser diese miteinander verknüpft sind, desto besser kann die Zusammenarbeit im Laufe des Lebens funktionieren.
Auch die körperliche Geschicklichkeit, koordinierte Bewegungen, denken, sprechen und lernen sind wichtige Fähigkeiten, die sich in Zusammenarbeit mit unseren sieben Sinnen entwickeln.

Stelle dir nun einmal die Frage, ob du dein Kind richtig und ausreichend förderst. Könntest du vielleicht diesbezüglich noch etwas verbessern?

## Das „Üben“ der Sinne

Jetzt fragst du dich bestimmt, wie du die sieben Sinne deines Kindes fördern kannst. Hierfür sind besonders sogenannte Wahrnehmungsspiele empfehlenswert. Generell kann eine gute Förderung mithilfe von Spielen stattfinden. Wahrnehmungsspiele können sowohl bei schönem Wetter draußen als auch bei schlechtem Wetter drinnen stattfinden. Hierfür werden jeweils Spielstationen aufgebaut, die die Sinne deines Kindes ansprechen.

Da es insgesamt sieben Sinne gibt, die wir fördern können, folgen nun sieben mögliche Wahrnehmungsspiele, die für Kinder ab zwei Jahren geeignet sind:

### 1. Förderung des Sehsinns:

Der Sehsinn deines Kindes kann zum Beispiel durch die Erkennung von unterschiedlichen Farben gefördert werden. Beispielsweise kann dafür ein Farben-Memory gespielt werden, in dem immer ein gleiches Farbenpaar gefunden werden
muss.

## 2. Förderung des Geruchssinns:

Hierfür kannst du dir ein Halstuch zu Hilfe nehmen, um deinem Kind die Augen zu verbinden. Nun suchst du eine Handvoll Lebensmittel oder auch Gegenstände aus, die jeweils einen eigenen Geruch besitzen. Besonders für kleinere Kinder ist es hierbei wichtig, dass sie die Gegenstände oder Lebensmittel bereits schon mal gesehen und gerochen haben, um so auch eine Chance zu haben, diese richtig erraten zu können.

## 3. Förderung des Gehörsinns:

Der Gehörsinn deines Kindes kann beispielsweise durch ein sogenanntes Dosen-Telefon trainiert werden. Hierfür wird nach Anleitung eine Art Telefon aus zwei Dosen gebastelt und mit einer Schnur verbunden. Du hältst dir deine Dose vor den Mund und sprichst ein Wort oder einen Satz in die Dose hinein. Dein Kind hält sich seine Dose ans Ohr und versucht zu hören, was du gesagt hast. Dies fördert nicht nur den Gehörsinn, sondern auch die Konzentrationsfähigkeit.

## 4. Förderung des Tastsinns:

Hierbei benötigst du ebenfalls wieder ein Halstuch, um deinem Kind die Augen zu verbinden. Im Anschluss kannst du einige Gegenstände, die deinem Kind bekannt sind, in seine Hand geben, damit dieses den Gegenstand ertasten kann. Vor allem für Kleinkinder wäre hier sehr empfehlenswert, das Lieblingskuscheltier oder das Lieblingsspielzeug zu wählen. Je einzigartiger die Silhouette des Gegenstandes ist, desto leichter wird es deinem Kind fallen, unterschiedliche Gegenstände zu ertasten und dementsprechend auch zu erraten.

## 5. Förderung des Geschmackssinns:

Besonders beim Schmecken ist es wichtig, dass dein Kind die Lebensmittel nicht sehen kann. Also benötigst du auch hier ein blickdichtes Halstuch, um deinem Kind die Augen zu verbinden. Anschließend brauchst du sowohl süße, salzige als auch saure Lebensmittel. Diese werden dann auf einem Löffel platziert und dem Kind gereicht. Dieses versucht nun mithilfe des Geschmackssinns herauszufinden, um welche Lebensmittel es sich handelt. Besonders bei kleinen Kindern sollten nur leicht salzige oder nur leicht saure Lebensmittel verwendet werden, da dies schnell zu einem wunden Windelbereich führen kann. Generell eignet sich das Geschmackssinn-Spiel eher für Kinder, die bereits richtig sprechen können.

## 6. Förderung des Bewegungssinns:

Hierfür wird eine weiche Unterlage, beispielsweise eine Gymnastikmatte oder auch eine dicke Decke, benötigt. Mache deinem Kind je nach Alter eine gewisse Übung vor, die das Kind im Anschluss wiederholen soll: Zum Beispiel „Purzelbäume schlagen“. Du machst deinem Kind also die Übung mit den Purzelbäumen vor und wirst sehen, dass dein Kind nicht eher aufhören will, bis es diese Übung zumindest ansatzweise kann. Das fördert nicht nur den Bewegungssinn, sondern auch den Ehrgeiz deines Kindes.

### 7. Förderung des Gleichgewichtssinns:

Stelle dich selbst auf ein Bein und erkläre deinem Kind, dass es schwierig ist, so die Balance zu halten. Im Anschluss soll sich dein Kind ebenfalls auf ein Bein stellen und versuchen, solange es geht und ohne sich festzuhalten so stehen zu bleiben.
Alle diese Übungen sind nur Beispielübungen und können je nach Vorliebe der Eltern und Fähig- oder Fertigkeiten der Kinder verändert, angepasst oder ergänzt werden. Außerdem eignen sich diese Spiele auch als Geburtstagsspiele und können wunderbar mit anderen Kindern gemeinsam gespielt werden.

## Die Wahrnehmung der Kinder

In der Natur ist es bereits so vorgesehen, dass Kinder interessiert und neugierig durchs Leben gehen.

Schließlich sammeln Sie jeden Tag neue Erfahrungen und lernen Situationen, Gegenstände und ihre Welt mit der Zeit immer besser kennen.

Auch Einschätzungen zu treffen, gelingt ihnen mit der Zeit immer besser. Wahrnehmungen sind von Kind zu Kind und von Situation zu Situation unterschiedlich. Ein Kind kann bekanntermaßen eine Situation als sehr bedrohlich wahrnehmen, wohingegen ein anderes Kind sich in derselben Situation in Sicherheit fühlt. Durch jede Sinneserfahrung deines Kindes werden Milliarden Nervenzellen im Gehirn miteinander verknüpft.

Je intensiver dein Kind also die Umgebung um sich herum erforschen und für sich selbst entdecken darf, desto stärker wird das Nervengeflecht im Gehirn deines Kindes werden. Davon wird dein Kind ein Leben lang, egal ob in der Schule, im Privatleben oder auch im Berufsleben, profitieren können.

## Wie hängen die Sinne, mit der Autonomiephase zusammen?

Die Sinneswahrnehmungen und die Autonomiephase spielen gemeinsam eine sehr wichtige Rolle für dein Kind. Dadurch, dass sich die Sinne von Tag zu Tag schärfen und besser werden, wird dein Kind in der Autonomiephase immer selbstständiger. Denn je mehr Fähig- und Fertigkeiten dein Kind erlangt, desto besser ist dieses auch in der Lage, eigenständig Dinge erledigen zu können. Und da dies das Hauptziel der Autonomiephase ist, ist die stetige Weiterentwicklung der Sinneswahrnehmungen unverzichtbar für eine gute Entwicklung deines Kindes.

## Was für Auswirkungen hat eine Reizüberflutung, für Kinder?

Eine Reizüberflutung ist grundsätzlich schädlich.[11] Wie Kinder jedoch auf eine Reizüberflutung reagieren, hängt vom Kind selbst ab. Manche Kinder werden bei einer anhaltenden Reizüberflutung aggressiv, andere eher aufgedreht und werden daher als hyperaktiv bezeichnet. In erster Linie muss herausgefunden werden, ob dein Kind überhaupt an einer Reizüberflutung leidet. Wenn gewisse Verhaltensweisen auf eine Reizüberflutung hindeuten könnten, ist eine Reduktion von Reizen der erste

[11] Quelle: https://www.kita.de/wissen/reizueberflutung-bei-kindern/

Schritt, um eine positive Veränderung herbeirufen zu können.

Eine Reizüberflutung kann aus den unterschiedlichsten Gründen und in den vielfältigsten Formen auftreten.
Wenn sich dein Kind etwa auf einer Spieldecke im Wohnzimmer befindet, der Fernseher läuft, das Radio an ist, die Mama telefoniert und das Kind mit einem Spieltelefon spielt, nimmt es eine Menge an äußeren Reizen wahr. Wenn dein Kind dann beispielsweise schreiend oder weinend auf dem Boden liegt, ohne dass etwas Erkennbares passiert ist, liegt der Verdacht nahe, dass ihm die Situation zu viel geworden ist. Generell sollten spielende Kinder dies in einem möglichst ruhigen Umfeld tun. Am besten sollte hierbei der Fernseher, das Radio und sonstige akustische Quellen ausgeschaltet sein. Je ruhiger es ist, und mit je weniger Dingen dein Kind sich noch zusätzlich beschäftigen muss, desto konzentrierter kann es mit seinem Spielzeug spielen und sich auf seine eigenen Sachen fokussieren. Je weniger Einfluss auf dein Kind „einprasselt", desto weniger fühlt es sich in die Ecke gedrängt und überfordert. Wenn du es schaffst, die Reizüberflutungen maximal zu minimieren, wirst du relativ schnell feststellen (insofern dies die Ursache ist), dass sich die Anzahl der Wut- oder Gefühlsausbrüche, deutlich reduzieren wird.

Auch eine monotone Handlung, wie beispielsweise das stundenlange TV schauen, kann ein Kinder-Gehirn schnell überfordern. Im TV wechseln ständig die Bilder, die Tonlage, die Gespräche und teilweise auch die Sender. Das kindliche Gehirn ist jedoch noch nicht so weit entwickelt, diese Einflüsse direkt zu verarbeiten. So kann es, auch wenn das Kind „nur eine" Tätigkeit ausführt, trotzdem zu einer Reizüberflutung kommen, die leicht verhindert werden könnte. Auch Spielzeuge, wie beispielsweise ein Spielzeug-Handy, bei dem alles per Knopfdruck passiert, schränkt die Kreativität und Eigenständigkeit deines Kindes enorm ein. Wenn du das Gefühl hast, dass elektronische Spielzeuge dein Kind eher aggressiv machen, sind kreative Spielzeuge vielleicht die bessere Wahl.

Setze dich in einer solchen Situation lieber mit deinem Kind hin und male ein Bild, wobei es frei entscheiden kann, was es malen möchte. Hier wird auch kein Malbuch im klassischen Sinne, sondern tatsächlich ein weißes Blatt empfohlen, da es sich hierbei nicht an Linien orientieren muss. Dein Kind kann so völlig frei entscheiden, was es zeichnen möchte und was nicht. Außerdem werden hierbei, zusätzlich zur Kreativität, auch die Konzentration, die Fingerfertigkeit und die Sehkraft geschult.

Hinterfrage dich, ob es sein kann, dass dein Kind zu vielen Einflüssen von außen ausgesetzt ist. Bedenke auch, dass eine Spieldecke mit einer Vielzahl an

Spielzeugen es bereits überfordern kann. Überlege, ob und wo du hier Verbesserungen vornehmen könntest, um es vor Reizüberflutung und damit verbundenen emotionalen Ausbrüchen schützen zu können.

## Das „Montagssyndrom" im Kindergarten

Bei dem Montagssyndrom handelt es sich selbstverständlich um keine Krankheit im klassischen Sinne. Es wird eher als eine Art der Verhaltensveränderung an einem Montag wahrgenommen. Kinder, die das sogenannte „Montagssyndrom" haben, verhalten sich an einem Montag anders als an allen anderen Tagen.

Vielleicht kennst du es selbst noch aus deiner Kindheit oder auch aus deinem jetzigen Alltag. Es ist das Gefühl, das sich bereits Sonntagabend einschleicht. Dieses Gefühl, dass morgen die neue Arbeitswoche wieder losgeht und das schöne Wochenende vorbei ist. Doch genauso unbeliebt, wie der Montag bei Erwachsenen ist, ist er häufig auch bei Kindern, die das „Montagssyndrom" aufweisen.

Forscher haben herausgefunden, dass es vor allem montags an Grundschulen oder auch in Kindertagesstätten vermehrt zu Problemen unter den

Kindern kommt. Unter dem Begriff „Montagssyndrom" versteht man einen allgemeinen Begriff, der sich auf Verhaltensweisen eines Kindes an einem Montag bezieht.
Auch kleinere Streitereien oder Prügeleien finden vermehrt montags statt. Außerdem sind Kinder zu Beginn der Woche häufig deutlich weniger kompromissbereit als an anderen Tagen in der Woche. Den Kindern fällt es an einem Montag beispielsweise besonders schwer, ihr Spielzeug in der Kita mit anderen Kindern zu teilen. Schließlich haben sie das ganze Wochenende ihr Spielzeug zu Hause für sich alleine gehabt und sollen nun in der Kita wieder mit anderen Kindern teilen.

Die häufigsten Anzeichen, dass dein Kind an einem sogenannten „Montagssyndrom" leiden könnte, sind (bezogen auf einen Montag):

- Streitsucht,
- schlechtes Sozialverhalten,
- schreien,
- extreme innere oder äußere Unruhe,
- Passivität,
- Unkonzentriertheit,
- übermäßiges Klammern,
- Überforderung,
- Gereiztheit,
- Ungeduld,

- Kopfschmerzen
- Appetitlosigkeit
- und im Allgemeinen deutlich stärkere Gefühlsausbrüche als an anderen Tagen.

Besonders auffällig ist, dass gerade am Montag Kinder häufiger unselbstständig sind als an den restlichen Tagen in der Woche. Das kann unter anderem daran liegen, dass am Wochenende im Elternhaus viele Dinge, die die Kinder eigentlich alleine erledigen könnten, von ihren Eltern erledigt werden, unter anderem aus Zeitmangel. Am Montagmorgen kann das Kind dann nicht automatisch in den Selbstständigkeitsmodus zurückkehren. Vom Prinzip her ist es verständlich, dass dein Kind an einem Montag lieber zu Hause bleiben möchte als in die Kita oder in die Grundschule zu gehen.
Zu Hause kann es nämlich ausschlafen, mit dem eigenen Spielzeug spielen und muss sich keiner Gruppe, Erziehern oder Lehrern unterordnen.
Wenn dein Kind sich grundsätzlich montags anders verhält als an allen anderen Tagen, dann suche als Erstes das Gespräch mit ihm.

- Warum genau verhält sich dein Kind montags anders?
- Was sind die Beweggründe hierfür?
- Und inwieweit kannst du deinem Kind vielleicht sogar dabei helfen, dass der Montag zu einem normalen Wochentag wird?

Nur wenn du den tatsächlichen Grund für das auffällige Verhalten deines Kindes kennst, kannst du ihm auch aktiv helfen. Wenn beispielsweise das Montagsverhalten auffällig ist, da dein kleiner Rebell lieber Zeit mit dir verbringen möchte als in der Kita oder in der Grundschule, kannst du montags einen festen Mama-Kind oder auch Papa-Kind Zeitrahmen einplanen, damit dein Kind sich auf etwas am Montag freuen kann.

# Abwehrmechanismen in der Autonomiephase

## Die Abwehrmechanismen in der Autonomiephase

Unter Abwehrmechanismen versteht man einen psychischen Vorgang, der dafür da ist, Konflikte mental (mit sich selbst) zu bewältigen, sodass die eigene innere Verfassung deutlich konfliktfreier wird.

Die bekanntesten Abwehrmechanismen, die wir besitzen, um uns vor negativen Dingen zu schützen, sind:

- Regression
- Projektion
- Konversion
- Kompensation
- Identifikation

Bei einer **Regression** handelt es sich um eine langsame (vorgetäuschte) Rückentwicklung eines Kindes. Oft tritt dieses Phänomen zwischen Geschwisterkindern auf. Hierbei möchte das ältere Kind meist genauso viel Aufmerksamkeit erhalten wie das kleinere Geschwisterkind.

**Ein Beispiel:**

Lia (6 Monate) und Pia (4 Jahre) sind Geschwister. Lia bekommt von ihren Eltern viel mehr Aufmerksamkeit als Pia. Auf einmal beginnt Pia vorzugeben, auch nicht mehr laufen zu können. Sie ist eifersüchtig auf ihr Geschwisterchen und möchte wieder genügend Aufmerksamkeit von ihren Eltern haben. Deshalb verweigert sie auch das Essen und möchte nur noch Milch trinken.
Von außen gesehen entwickelt sich das Kind in dieser Phase ein Stück zurück, doch dies ist in Wirklichkeit nicht der Fall. Pia tut nur zum Schein so, da sie dieselbe Aufmerksamkeit erlangen möchte wie ihre Schwester.

Bei der **Projektio**n wird die eigentliche Wut nicht beim Auslöser selbst „entladen", sondern auf etwas anderes projektiert/umgeleitet.

**Ein Beispiel:**

Wenn ein Kind in der Kita Ärger mit einer Erzieherin bekommen hat und eingeschüchtert wurde, kann sich die Wut zu Hause an den Eltern, Geschwistern oder auch an Gegenständen entladen, die mit der eigentlichen Stresssituation nichts zu tun haben.

Bei der **Konversion** handelt es sich um eine Art der seelischen Erregung wie zum Beispiel Wut, die ins Körperliche umgewandelt wird.

**Ein Beispiel:**

Sarah hat eine Lieblingspuppe und ihre Freundin Mia nimmt sie ihr weg. Daraufhin ist Sarah wütend und haut Mia. Aus dem Gefühl der Wut wurde so eine körperliche Reaktion, um sich zu wehren.

Beim **Kompensieren** werden eigene Minderwertigkeitskomplexe durch vorhandene oder vorgetäuschte Fähigkeiten ausgeglichen.

**Ein Beispiel:**

Julia spielt in einer Theateraufführung in ihrer Kita die Hauptrolle. Als sie mittendrin ihren Text vergisst, machen sich viele über sie lustig. Als sie dies merkt, fängt sie an zu singen, denn sie hat eine wunderschöne Stimme. Sie kompensiert also die Textschwäche durch eine Stärke.

Bei der **Identifikation** geht es darum, festzustellen, wer man selbst ist. Wir vergleichen uns ständig mit anderen Personen, egal ob mit Bekannten oder Prominenten. Besonders Kinder in der Trotzphase sind auf der Suche nach sich selbst.

**Ein Beispiel:**

Ben weiß, dass er gut tanzen kann. Er vergleicht sich mit prominenten Tänzern und findet sein eigenes Talent darin wieder. Daraufhin ist er sich noch sicherer, dass er über eine besondere Begabung verfügt. Nach und nach finden Kinder durch Identifikation mit Vorbildern zu sich selbst.

# Feinfühligkeit und Empathie

## Die emotionale Intelligenz eines Kindes

Hast du schon einmal von dem Begriff der „emotionalen Intelligenz“ gehört?[12]
Weißt du, ob dein Kind eine große emotionale Intelligenz besitzt?

Einerseits beschreibt die emotionale Intelligenz, wie gewisse Ereignisse emotional gehandhabt werden und wie persönliche Emotionen nach außen gebracht werden. Auf der anderen Seite geht es auch darum, wie Menschen auf andere Personen reagieren. Die emotionale Intelligenz eines Kindes ist sehr entscheidend, wenn es um die Beziehung zu sich selbst, aber auch um die Beziehung zu anderen Menschen geht. Diese Beziehungen zu erleben und bewusst mitzugestalten, fällt Kindern mit einer hohen emotionalen Intelligenz deutlich leichter als Kindern, die nur über eine bedingte emotionale Intelligenz verfügen.

Kinder, die eine erhöhte emotionale Intelligenz besitzen, verfügen auch über mehr Empathie. Sie sind

---

[12] Quelle: https://www.familie.de/kleinkind/emotionale-intelligenz-foerdern/

einfühlsamer und können sich auch in andere Personen hineinversetzen. Dadurch ist es diesen Kindern auch möglich, die Blickrichtung zu ändern und Verständnis für andere aufzubringen. Dies macht sie vor allem für andere Kinder „beliebter“.
Dementsprechend ist es kaum verwunderlich, dass emotional intelligente Kinder sich deutlich besser im Kindergarten, in der Schule und auch später im Berufsleben zurechtfinden können.

**Ein Beispiel diesbezüglich:**

Ein Kind fällt hin, hat ein aufgeschürftes Knie und weint ganz furchtbar.
Dieses Szenario wird von zwei weiteren Kindern beobachtet. Das erste Kind ohne eine hohe emotionale Intelligenz möchte weitergehen. Es kennt das verletzte Kind nicht und fühlt sich auch nicht zuständig. Was hat es denn schon mit ihm zu tun?
Das zweite Kind, das über eine hohe emotionale Intelligenz verfügt, kann sich direkt in die Lage des hingefallenen Kindes hineinversetzen. „Tut es sehr weh? Können wir dir irgendwie helfen?“, fragt das emphatische Kind sofort das verletzte Kind.

Die Gefühlswelt und das Handeln der beiden Kinder unterscheiden sich enorm. Empathie zu besitzen und nicht nur auf sich selbst, sondern auch auf andere Rücksicht zu nehmen, ist ein wichtiger Bestandteil unserer Gesellschaft.

Außerdem können Kinder, die eine enorme emotionale Intelligenz aufweisen, deutlich besser ihre Gefühle verbal äußern. Sie sind in der Lage, Dinge anzusprechen, die sie beschäftigen, sodass viele Situationen direkt gelöst werden können.
Kinder ohne eine hohe emotionale Intelligenz sprechen viele Dinge nicht an und deshalb staut sich vieles in ihnen auf.

**Ein Beispiel diesbezüglich:**

In diesem Beispiel geht es um Laura und Lisa. Laura besitzt eine sehr hohe, Lisa nur eine bedingte emotionale Intelligenz. Laura und Lisa hatten beide einen Streit in der Schule. Sie kommen verärgert, traurig und wütend nach Hause. Laura geht zu ihrer Mutter und vertraut sich ihr an. Sie berichtet ganz genau von dem Vorfall und wie sie sich diesbezüglich gefühlt hat. Ihre Mutter hört Laura zu und gibt ihr Tipps, wie sie sich nun verhalten kann.
Lisa hingegen kommt nach Hause und schließt sich in ihrem Zimmer ein. Sie möchte mit niemandem reden. Lisas Mutter kommt nicht an sie heran. Somit ist sie mit ihren negativen Gefühlen und Sorgen alleine.

Doch was kann man tun, wenn man feststellt, dass das eigene Kind nicht über eine hohe emotionale Intelligenz verfügt? Keine Sorge, diese lässt sich bei einem Kind relativ leicht verbessern. Bereits im Vorschulalter kann und sollte ein Kind bezüglich seiner emotionalen Intelligenz gefördert werden. Die emotionale Intelligenz eines Kindes entwickelt sich in erster Linie im kommunikativen Austausch, vor allem mit den Eltern, Geschwistern, Großeltern und Freunden. Je mehr du mit deinem Kind sprichst, desto weiter kann es sich entwickeln. Außerdem ist es wichtig, mit dem emotionalen Ausdruck der Kinder richtig umzugehen, denn nur dann kann auch dein Kind mit den Emotionen anderer angemessen umgehen.

Vor allem in ungewohnten Situationen fragen Kinder häufig bei ihren Bezugspersonen nach, wie sie angemessen reagieren sollen. Hier ist es wichtig, das Kind ernst zu nehmen, zuzuhören und Ratschläge zu geben. Zusätzlich können auch Rollenspiele dabei helfen, eine emotionale Intelligenz zu verbessern, denn hierbei kann dein Kind auf spielerische Art und Weise lernen, sich in andere Denkmuster und Situationen hineinzuversetzen.

Besonders wichtig ist eine hohe emotionale Intelligenz auch in der Trotzphase. Denn in dieser besonderen Zeit kommen Kinder immer wieder an ihre Grenzen. Sie versuchen diese auszutesten und zu überschreiten. Irgendwann gelangen sie zu einem Punkt, an dem es nicht mehr weitergeht. Entweder schreiten die Eltern ein oder das Kind bemerkt, dass es aufgrund der eigenen körperlichen Verfassung zu bestimmten Dingen einfach noch nicht in der Lage ist. So geraten die Emotionen völlig durcheinander und der Wutanfall nimmt seinen Lauf. Emotional intelligente Kinder können selbst im jungen Alter mit ihren Emotionen besser umgehen. Kommt eine scheinbar unlösbare Aufgabe auf ein emotional intelligentes Kind zu, versucht dieses entweder einen anderen Weg zu finden, um an das angestrebte Ziel zu kommen, oder verarbeitet die vermeintliche Niederlage deutlich besser und mit viel weniger „Drama“, als ein weniger emotional intelligentes Kind es tun würde.

Je emotional intelligenter ein Kind ist, umso harmloser gestaltet sich meist die Trotzphase. Das bedeutet nicht, dass diese Kinder keine Wutanfälle bekommen, sondern dass diese in einem ganz anderen Rahmen ablaufen. Wutanfälle kommen deutlich seltener vor und laufen meistens auch deutlich kürzer ab.

## Die Feinfühligkeit

*„Man kann Kindern nicht beibringen,*
*sich besser zu verhalten,*
*indem man sie dazu bringt,*
*sich schlechter zu fühlen.*
*Wenn Kinder sich besser fühlen,*
*dann benehmen sie sich auch besser."*

Pam Leo

Kinder im Allgemeinen gelten als feinfühlig und je feinfühliger ein Kind wird, desto mehr Empathie besitzt es. Deshalb sollte seine Feinfühligkeit unterstützt und trainiert werden.

Doch wie können wir unseren Kindern dabei helfen, feinfühliger zu werden?
Indem wir das Kind feinfühlig behandeln.
Dies kann wie folgt aussehen:

- Kindersignale wahrnehmen.
- Die Signale richtig interpretieren.
- Die schnelle Reaktion.
- Angemessen antworten.

## Kindersignale wahrnehmen:

In erster Linie ist es wichtig, dass du dein Kind nicht aus den Augen verlierst, und Signale, die es aussendet, wahrnimmst. Auch bei kleinen Andeutungen wie: „Heute war es in der Schule nicht so gut.“, sollte aufmerksam zugehört werden. Kinder sagen nicht immer sofort, was passiert ist oder was sie beschäftigt. Manchmal warten sie nur darauf, dass sie gefragt werden, um dann alles erzählen zu können.

## Die Signale richtig interpretieren:

Doch eine reine Wahrnehmung der kindlichen Signale reicht hier nicht aus. Du musst die Signale auch richtig interpretieren können. Handelt es sich hierbei um ein wirkliches Warnsignal deines Kindes? Ist in der Schule vielleicht etwas Schlimmes vorgefallen? Oder ist dein Kind heute einfach nur schlecht drauf?

## Die schnelle Reaktion:

Für dein Kind ist es sehr wichtig, dass zwischen einem Ereignis und einer Reaktion, nur eine kurze Zeitspanne liegt. Denn je weiter die beiden Dinge zeitlich voneinander getrennt geschehen, desto schwieriger wird es für dein Kind, diesbezüglich einen Zusammenhang herzustellen. Wenn es beispielsweise am Montag einen Fehler begangen hat und du am

Donnerstag erst das Gespräch suchst, kann dein Kind am Donnerstag gar nicht mehr richtig rekonstruieren, was genau am Montag vorgefallen ist. In der ähnlichen Situation handelt dein Kind dann wieder identisch. Wenn du jedoch, nachdem dein Kind sich beruhigt hat und wieder aufnahmefähig ist, am Montag das Gespräch suchst, ist es in der Lage, festzustellen, dass es etwas falsch gemacht hat. So hat es die Möglichkeit, bei einer ähnlichen Situation entsprechend anders zu reagieren.

### Angemessen antworten:

Übermäßiges Schreien oder Schimpfen hilft absolut nicht. Nimm dir Zeit für dein Kind. Nimm es in den Arm und versuche langsam auf das Geschehene einzugehen. Hier ist Fingerspitzengefühl und Empathie gefragt.

# Im Familienleben

## Wenn die Kleinen den Großen alles nachmachen

Wie du bereits festgestellt haben wirst, ist dein Kind in der Lage, sowohl dich, Geschwisterkinder als auch andere Menschen zu imitieren. Sie amen sowohl das Verhalten als auch Gesten oder Mimiken nach. Das Imitationsverhalten spielt bei einem Menschen eine sehr bedeutende Rolle. So können sich Kinder auch komplizierte Verhaltensweisen merken und sogar schwierige Aufgaben lösen. Ihre Fingerfertigkeit können sie durch ihre Imitationsfähigkeit ebenfalls verbessern, da sie sich genau abschauen können, wie eine bestimmte Sache funktioniert.

Aber vor allem in der Sprachentwicklung ist die Imitationsfähigkeit eines Kindes von enormer Bedeutung, da das Kind sich an den Worten des Umfelds orientiert. Umso häufiger ein Wort genannt wird, desto eher und besser kann ein Kind dieses Wort nachsprechen. Diesen Fakt kann man sich besonders in der kindlichen Sprachentwicklung zunutze machen, da leichte Sprachübungen und das bewusste Wiederholen verschiedener Worte oder Sätze deinem Kind schnell dabei helfen, diese schon bald selbst sprechen zu können.

Je deutlicher, langsamer und verständlicher du also mit deinem Kind sprichst, desto deutlicher, langsamer und verständlicher wiederum wird dein Kind in Zukunft sprechen.

## Geschwisterkinder

Eine Beziehung zwischen Geschwistern ist immer etwas Besonderes. In manchen Familien ist diese ausgesprochen schön, in anderen wiederum ziemlich schwierig. Doch jede Familie wünscht sich, dass die Geschwister gut miteinander auskommen. Aber wie kann dies gelingen? Wenn du mehr als ein Kind hast, stellst du dir vielleicht auch die Frage, wie du es schaffen kannst, dass sich dein Ältestes nicht vernachlässigt fühlt. Diesbezüglich habe ich ein paar Tipps für dich zusammengestellt:

1. Grundsätzlich sollte das älteste Kind, direkt an der Entwicklung des neugeborenen Babys teilhaben können. Und dies beginnt nicht erst mit der Geburt, sondern bereits in der Schwangerschaft. Sofern sich dein Kind in einem Alter befindet, in dem es leichte Zusammenhänge bereits verstehen kann, kannst du mithilfe von Bilderbüchern deinem Kind erklären, dass in Mamis Bauch ein Baby wächst. Hierfür gibt es extra kindgerechte Bücher zu kaufen, die werdenden Eltern helfen,

einem Kind die Schwangerschaft spielerisch zu erklären.

2. Wenn es zu Eifersuchtsattacken des ältesten Kindes kommt, kann es hilfreich sein, ihm Babyfotos von sich selbst zu zeigen, damit ihm klar wird, dass es auch mal so klein war und dieselbe Zeit erlebt hat, wie es jetzt das Neugeborene erlebt. Vor allem wenn Kinder anfangen, nicht mehr essen zu wollen, da sie lieber die Milchflasche hätten, ist ein Gespräch mit dem Kind unerlässlich. Hierbei sollte angemerkt werden, dass ihm im selben Alter auch Milch bekommen hat, jetzt aber über Zähne verfügt und deshalb normal essen kann. Erkläre ihm, dass, wenn das Baby alt genug ist, dieses auch keine Milch mehr bekommt.

3. Grundsätzlich sollte man vermeiden, dem Kind falsche Versprechungen zu machen. Sätze wie: „Du bekommst einen neuen Spielpartner, wenn das Baby auf der Welt ist.“, sollten dringend vermieden werden. Diese führen nämlich zu Enttäuschungen, da das Kind natürlich noch nicht mit dem Säugling spielen kann.

4. Das Baby-Zimmer kann mit dem erstgeborenen Kind eingerichtet und gestaltet werden. Beispielsweise kannst du mit deinem Kind, je nach Alter, ein schönes Bild malen, dies einrahmen lassen und ins neue Baby-Zimmer

hängen. So kann das älteste Kind spielerisch schon einen Bezug zum Geschwisterkind aufbauen.

5. Natürlich ist es nicht einfach, allen Kindern gleichermaßen gerecht zu werden. Dies ist im Alltag auch einfach nicht möglich. Versuche am besten allen Kindern, altersentsprechend angemessen, die gleiche Aufmerksamkeit zu schenken. Jeder kann auf seine eigene Art und Weise Zeit mit Mama und Papa verbinden. Wenn kein Kind sichtlich bevorzugt oder benachteiligt wird, findet eine übermäßige Eifersucht auch nur noch bedingt statt.

## Geschwistereifersucht

Häufig beginnt es mit einem witzigen Satz, wie beispielsweise: „Mama, können wir das Baby nicht wieder zurückschicken?“ Die Eifersucht setzt oft zeitgleich mit der Geburt des neugeborenen Babys ein. Auch wenn die Kinder in der Trotzphase sich auf ein Geschwisterchen freuen und gerne Mamas Bauch streicheln, ist es ein Schock, wenn sie bemerken, wie viel Zeit Mama auf einmal mit dem neugeborenen Baby verbringt. Doch auch nach der ersten Zeit lässt sich Eifersucht unter Geschwistern nicht vermeiden.

In der Schule wird es immer jemanden geben, der besser oder schlechter ist. Beim Fußballverein wird es

immer einen von den Jungs geben, der etwas besser kicken kann. Bei den Mädchen wird es immer eine geben, die etwas besser tanzen kann als die andere. Außerdem wird sich auch der Freundeskreis immer etwas unterscheiden.
Das eine Kind hat vielleicht weniger Freunde, dafür das andere mehr. Geschwister stehen untereinander sowohl gesellschaftlich als auch familiär ständig im Vergleich. Hier einzugreifen ist ein wichtiger Schritt, um Geschwistereifersucht zu minimieren. Wenn das erstgeborene Kind 15 Jahre alt ist und das zweitgeborene Kind zehn Jahre alt ist und beide mit einem Zeugnis nach Hause kommen, darfst du natürlich nicht ihre Noten miteinander verglichen.

Jedes Kind sollte mit seinen Stärken und Schwächen als Individuum betrachtet und nicht mit Klassenkameraden, Freunden oder Geschwistern verglichen werden. Auch eine Stärkung der Geschwisterliebe kann das Verhältnis deutlich verbessern. Hierfür kannst du beispielsweise einen Kinofilm aussuchen, in den beide gerne gehen würden, und ihnen (je nach Alter) eine Kinokarte schenken. Die beiden können dann gemeinsam an einem positiven Erlebnis teilnehmen. Je mehr positive Erlebnisse sie miteinander haben, umso stärker wird auch ihre Verbundenheit.

## Die Trotzphase bei Zwillingen

Grundsätzlich verläuft eine Trotzphase von Kind zu Kind unterschiedlich. Auch Zwillinge erleben ihre Trotzphase nicht unbedingt völlig identisch. Es kann durchaus Situationen geben, in denen sich das eine Kind tierisch aufregt, während das andere Kind total unbeeindruckt bleibt. Ein „Problem“ bei der Trotzphase von Zwillingen ist, dass sie sehr häufig zeitgleich einsetzt, was für die Eltern eine wahre Herausforderung ist.[13]

**Ein Beispiel diesbezüglich:**

Anna und Anni sind eineiige Zwillinge, 2 Jahre alt und beide in der Trotzphase. Anna hatte gerade einen Wutausbruch und fängt langsam an, sich zu beruhigen. Da Anna jetzt aber die volle Aufmerksamkeit von Mama und Papa hat, fängt Anni an, Anna zu ärgern. Wenn beide Kinder im selben Alter ins Trotzalter kommen, sind noch deutlich mehr Nerven gefragt, da beide sich gegenseitig häufig hochschaukeln. Hier ist das Abwechseln mit dem Partner wichtig, um nicht jeden Kampf mit den Zwillingen austragen zu müssen. Dies schont die bereits strapazierten Nerven deutlich.

---

[13] Quelle: https://www.welovefamily.at/trotzphase-hoch2-wenn-zwillinge-trotzen/

Ein weiterer Unterschied bei Zwillingen ist es, das „Bewusstsein für sich selbst“ zu entdecken. Ungefähr im Alter von zwei Jahren können Kinder in ihrem Spiegelbild sich selbst erkennen und sich auch beim eigenen Namen nennen. Im Rahmen einer Studie in Braunschweig wurde jedoch herausgefunden, dass es eineiigen Zwillingen deutlich schwerer fällt, sich selbst im Spiegel zu identifizieren. Besonders diese benötigen deutlich mehr Zeit, um ihr Spiegelbild von dem des Zwillingsgeschwisterkindes zu unterscheiden. Das kann in einigen Fällen sogar bis zum vierten Lebensjahr dauern.
Dies ist vor allem für die Eltern mit Zwillingen in der Trotzphase ein heikles Thema. Dadurch, dass bei Zwillingen das „Bewusstsein für sich selbst“ in der Trotzphase noch nicht ausgeprägt ist, so wie es bei anderen Kindern der Fall ist, tun sich diese Kinder noch ein bisschen schwerer, ihre Taten zu reflektieren. Das Unrechtsbewusstsein kann sich erst dann richtig entfalten, wenn das Kind das „Bewusstsein für sich selbst“ entwickelt hat.
Dazu kommt, dass Zwillinge häufig verwechselt werden. Meist weniger von den eigenen Eltern als vielmehr von der Verwandtschaft. Wenn ein Kind jetzt einen Fehler macht, das andere Kind dafür aber bestraft wird, kann das dazu führen, dass das Zwillingskind denkt: „Ich kann Fehler machen ohne Konsequenzen, weil sie uns eh nicht auseinanderhalten können.“ Dies ist eine große Problematik. „Das war ich gar nicht“, ist ein Satz, den Eltern mit Zwillingskindern in der Trotzphase dann

sehr häufig zu hören bekommen. Hier liegt es an den Eltern, den Kindern zu verstehen zu geben, dass wir sie sehr wohl unterscheiden können und dass jeder für das verantwortlich ist, was er selbst getan hat.

Abgesehen davon verlaufen die Trotzphasen von Zwillingen ähnlich, wie die Trotzphasen anderer Kinder.

## Die Trotzphase bei Downsyndrom Kindern

Auch Kinder, die an einem Downsyndrom leiden, kommen in die Trotzphase. Doch wann genau dies eintritt, ist deutlich schwieriger zu erahnen als bei gesunden Kindern. Denn bei einer Trisomie 21 setzt die Entwicklung deutlich später ein. Häufig haben diese Kinder eine Muskelschwäche, fangen deshalb unverkennbar später mit dem Laufen an und erlernen auch das Hören, Sehen und Sprechen deutlich später. In eine Autonomiephase kommt das Kind, wenn es feststellt, dass es ein Individuum ist und seinen eigenen Willen durchsetzen möchte.

Wenn das Kind jedoch noch nicht dazu in der Lage ist, eigenständig zu sein, ist es selbstverständlich, dass die Autonomiephase erst später einsetzen kann. Inwieweit sich die Muskelschwäche eines Downsyndrom-Kindes im Laufe der Zeit verbessert, ist sehr individuell und kann nicht verallgemeinert werden. Daher kann auch keine genaue Anfangszeit der Autonomiephase benannt werden.

Solltest du ein Downsyndrom-Kind und ein gesundes Kind haben, ist es für das Gesunde wichtig, dass du ihm erklärst, was das Downsyndrom genau ist. Denn mit Wissen verschwinden oft unnötige Sorgen der Kinder, die ansonsten zu einem problematischen Geschwister-Verhältnis führen könnten.

## Mama- und Papa-Phasen

Kinder, die neu auf die Welt kommen, haben im Idealfall zwei Bezugsperson. Auf der einen Seite die Mama und auf der anderen Seite den Papa.
In Deutschland kommt es häufig vor, dass viele Kinder eine Mama-Phase erlangen, da häufig die Mutter in Elternzeit geht und so das erste Lebensjahr am meisten Bezug zum Kind aufbaut. In einer sogenannten Mama-Phase ist Papa gänzlich abgeschrieben. Wenn jedoch der Papa die meiste Zeit des ersten Lebensjahres mit dem Kind verbracht hat, kann es auch zu Papa-Phasen kommen. Dann ist dein Kind viel mehr auf Papa fixiert, und Mama ist abgeschrieben. Natürlich gibt es auch immer mal wieder Phasen, wo das Kind sich einfach zu einem Elternteil mehr zugehörig fühlt als zum anderen Elternteil, und hierbei kann sogar der Elternteil von

„Phase zu Phase“ variieren. Dies ist normal und sollte nicht überdramatisiert werden. Am wichtigsten ist es, Ruhe und Nerven zu bewahren. Der Elternteil, der nun hauptsächlich gefragt ist, sollte versuchen, die Zeit so gut es geht zu genießen, da man nie weiß, wann diese zu Ende geht. Der andere Elternteil sollte sich nicht zurückgesetzt fühlen, sondern die Phase als eine Art Auszeit ansehen und ebenfalls genießen.
Auf keinen Fall sollte irgendetwas erzwungen werden. „Du gehst jetzt zum Papa, auch wenn du nicht möchtest.“, wäre genau der falsche Weg. Dies kann beim Kind eine negative Gegenreaktion hervorrufen und könnte dauerhaft zu einem gestörten Eltern-Kind-Verhältnis führen.

## Der Ödipuskomplex

Der Ödipuskomplex bezieht sich auf die Entwicklung zum gegengeschlechtlichen Elternteil. Wie schon im vorherigen Kapitel erwähnt wurde, haben die Kinder oft „Mama- und Papa-Phasen“. Laut Sigmund Freud ist dies die Ödipale Phase oder auch Phallische Phase zwischen dem dritten bis fünften Lebensjahr.[14] In dieser Zeit fühlt sich der Junge meist sehr zur Mama, das Mädchen hingegen zum Papa hingezogen. Man möchte die Eltern heiraten oder eine ältere Person, die einem sympathisch ist.

---

[14]Quelle: https://www.gesundheit.de/wissen/haetten-sie-es-gewusst/medizinische-begriffe/was-ist-eigentlich-der-oedipuskomplex

Dies ist ganz normal und klingt mit der Zeit wieder ab. Irgendwann wird das gegengeschlechtliche Elternteil wieder akzeptiert und als solches angenommen. Das kann bei manchen Kindern sehr ausgeprägt sein und sich bei anderen eben kaum bemerkbar machen. Selten wird diese Phase nicht überwunden. Wenn dies der Fall ist, kann es zu Neurosen oder Perversionen kommen.
Wie häufig ein Ödipuskomplex tatsächlich auftaucht, kann nicht beantwortet werden. Denn häufig bleiben die Familienmitglieder „unter sich“ und vertrauen sich keinem Psychologen an. Deshalb ist es hier fast unmöglich, herauszufinden, wie viele Kinder einen Ödipuskomplex tatsächlich aufweisen.

## Baby im Bauch und ein „Wut-Zwerg“ Zuhause

Viele Eltern sind hiervon betroffen. Das erstgeborene Kind befindet sich mitten in der Trotzphase und Mama ist erneut schwanger. Die Trotzphase des Kleinkindes verläuft nicht weniger intensiv, nur weil sich ein weiteres Baby angekündigt. Doch der Geduldsfaden und die Stressrezeptoren der Schwangeren sind deutlich dünner als bei nicht schwangeren Mamas. Aber was kannst du tun, um das Ganze unter einen Hut zu bekommen?

In erster Linie solltest du das Gespräch mit deinem „Wut-Zwerg“ suchen, indem du ihm erklärst, dass es nicht gut für das Baby in Mamas Bauch ist, wenn Mama sich ständig aufregen muss.
Auch Sätze wie: „Mama möchte viel lieber mit dir spielen und kuscheln als schimpfen.“, können weiterhelfen.
Hier ist dann aber auch vor allem der Papa gefragt. Besonders wenn die Mama mit einem Trotzkind zuhause schwanger ist, sollte sie sich, so oft es geht, aus sehr starken Wutanfällen zurückziehen können. Dies liegt zum einen daran, dass schwangere Frauen grundsätzlich nicht so viel Stress ausgesetzt sein sollten, um das ungeborene Kind nicht zu gefährden oder Frühwehen einzuleiten. Auf der anderen Seite birgt das Ganze auch ein gewisses Verletzungsrisiko. Wenn bei einem unkontrollierten Wutausbruch deines Kindes dieses beißt, schreit, tritt oder mit etwas nach dir wirft, kann es dabei dich oder auch das ungeborene Baby verletzen. Gerade in der Schwangerschaft solltest du dir Hilfe von der Familie holen. Am Wochenende kannst du beispielsweise einen Tag festlegen, an dem das Kind immer bei Verwandten schläft, zum Beispiel in der Nacht von Samstag auf Sonntag.
So kann es beispielsweise an dem einen Wochenende bei Oma und Opa mütterlicherseits schlafen und an einem anderen bei Oma und Opa väterlicherseits.

Dies führt dazu, dass die Schwangere zumindest an einem Abend in der Woche den „Akku“ laden kann.

Versuche, deinen „Wut-Zwerg“ so viel mitentscheiden zu lassen, wie es in seinem Alter möglich ist.
Das Gefühl, immer überstimmt oder nicht gefragt zu werden, verschlimmert die Trotzphase nur noch mehr. Je häufiger du deinem Kind das Gefühl geben kannst, das es etwas alleine machen darf und auch Entscheidungen bereits selbst treffen kann, desto zufriedener wird dein Kind sein und desto seltener werden starke Wutanfälle auftreten.

Dein Kind sollte niemals die Wut herunterschlucken müssen, auch nicht, wenn Mama schwanger ist.
Hier könnte die Mutter den Raum verlassen und dem Kind gestatten, im Zimmer einmal richtig laut herum zu schreien, um so seiner Wut freien Lauf zu lassen. Anschließend muss zwingend das Gespräch mit dem Kind gesucht werden, um das Ganze anzusprechen. Wichtig ist, dass es sich ernst genommen fühlt, aber sich auch mit der Situation auseinandersetzen muss. Hier könnte man folgende Frage stellen: „Ich habe gesehen, dass du deine Freundin gehauen hast, ich möchte nicht, dass du irgendjemanden haust! Aber ich möchte unbedingt wissen, warum du so wütend warst?“
Versuche dich, trotz deinem Kind in der Trotzphase, auf deine Schwangerschaft zu freuen und diese zu genießen.

Bei der ersten Schwangerschaft, wo du noch kein Kind zu Hause hattest, hast du höchstwahrscheinlich die Zeit auch sehr bewusst wahrgenommen.
Dies kommt häufig zu kurz, wenn man schwanger ist und ein weiteres Kind im Haushalt lebt. Nehme dir mehr Auszeiten, denn diese benötigst du.
Verabrede dich mit Freunden, gehe ins Kino, fahre ins Restaurant oder genieße einen Tag im Freibad. Tu etwas für dich und dein Baby, wobei du wunderbar abschalten kannst.

## Pärchen-Zeit zu zweit

Für Eltern im Allgemeinen ist es sehr wichtig, Zeit miteinander zu verbringen.
Doch vor allem für Eltern mit einem Kind in der Trotzphase ist es unerlässlich, Aktivitäten zu zweit auszuüben. Hierbei sind sie nicht in erster Linie Eltern, sondern ein Liebespaar.
Da dieser Zustand im Alltag meist viel zu kurz kommt, sind so gut wie alle Paare für eine Zeit zu zweit sehr dankbar. Außerdem kann es als eine Art „Ausbruch aus dem Alltag" neue Kräfte freisetzen. Auch Absprachen, was man in der Erziehung gegebenenfalls verändern oder verbessern könnte, kann man zu zweit natürlich besser besprechen, als wenn sich ein Kind in der Autonomiephase in derselben Wohnung befindet. Dass man sich als Paar nicht aus den Augen verliert, ist unabdingbar für eine langlebige Beziehung. Die Pärchen-Zeit zu zweit sollte vor allem bewusst geschehen. Selbstverständlich verbringen Eltern auch Zeit alleine miteinander, beispielsweise abends vor dem Fernseher, wenn das Kind im Bett ist. Doch dies ist keine bewusste Aktivität, da beide lediglich auf den Fernseher schauen oder ins Handy. Unter einer bewussten Aktivität zu zweit versteht man zum Beispiel einen Restaurant- oder Kino-Besuch: Etwas, das nicht alltäglich ist und somit etwas Besonderes darstellt.

Wie oft dies im Alltag möglich ist, ist von Familie zu Familie unterschiedlich. Es gibt Familien, bei denen es ausreicht, wenn sie an einem bestimmten Tag im Monat ihre Pärchen-Zeit zu zweit erleben können. Andere Familien hingegen reservieren sich einen Tag in der Woche, um aktiv Zeit miteinander zu verbringen zu können. Wie oft dies gewünscht und auch möglich ist, hängt von der völlig individuellen Familienplanung und auch von den Unterbringungsmöglichkeiten der Kinder ab und kann nicht verallgemeinert werden.

Du kannst dich gerne einmal selbst hinterfragen, wie viel Zeit du mit deinem Partner aktiv zu zweit verbringst. Diese Erkenntnis kannst du im Anschluss mit deinem Partner besprechen und ihn bei der Gelegenheit fragen, ob er gerne mehr Zeit mit dir alleine verbringen würde. Kommt ihr beide auf das Ergebnis, dass ihr zu wenig Zeit zu zweit habt, könnt ihr gemeinsam nach einer Lösung suchen.

## Den richtigen Tagesablauf finden

Der Alltag stellt für viele Familien eine große Herausforderung dar.
Egal ob es sich dabei um einen Alleinerziehenden handelt, um eine Patchwork Familie oder auch um die ganz klassische Rollenverteilung. Durch die Arbeit, die Kinder, Freizeitaktivitäten und den Haushalt kommen Tag für Tag und Woche für Woche unglaublich viele Aufgaben auf die gesamte Familie zu.

Hier ist eine ganz genaue Planung gefragt:

- Wer muss wann, wie, arbeiten?
- Wer fährt die Kinder zu ihren Aktivitäten?
- Wann kann wem bei den Hausaufgaben geholfen werden?

Dies sind nur ein paar der Fragen, die täglich geklärt werden müssen.
Doch wie schafft man es, den richtigen Tagesablauf für seine Familie zu finden?
Das Planen ist das A und O. Egal ob du dies mit einem Kalender, Notizblatt, oder Notizbord am Kühlschrank handhaben möchtest, im Vorfeld muss geplant werden, an welchem Tag wie, was und von wem vonstattengeht. Im Idealfall findet immer eine Wochenplanung statt, die ausgehangen wird und für jedes Familienmitglied jederzeit einsehbar ist.
Viele Familien handhaben dies auch mit einem Monatsplan. Hierbei ist jedoch zu beachten, dass innerhalb eines Monats und besonders, wenn die Familie aus mehreren Personen besteht, unplanmäßige Ereignisse dazwischenkommen können, die den gesamten Plan ständig über Bord werfen können. Innerhalb einer Woche ist die Wahrscheinlichkeit, dass etwas Gravierendes passieren könnte, woraufhin der gesamte Plan umgeschrieben werden muss, deutlich kleiner.
Das Vorplanen hat nicht nur den Vorteil, dass jeder weiß wie die Woche abläuft, sondern man kann sich während der Planung immer wieder selbst überprüfen,

ob dies ein sinnvoller und fairer Ablauf ist. Denn Tag für Tag bitten wir jemanden aus der Familie, kleine Aufgaben zu übernehmen. Sei es ein Paket Butter zu kaufen, das Salz aus der Küche zu holen oder auch mal den Müll runter zu bringen. Je größer die Familie ist, desto schwieriger wird es, alles durch eine Person zu erledigen. Wenn der Tagesplan jedoch nicht vorgeplant wurde, kann es zu Ungerechtigkeiten kommen, da vielleicht ein Kind häufiger etwas machen muss als die anderen. Dies kann wiederum zu starken Streitgesprächen führen, die durch eine wohlüberlegte Planung vielleicht nicht entstanden wären. Du kannst das Vorplanen deines Alltags einfach einmal ausprobieren, um so feststellen, ob es auch für deine Familie eine geeignete Methode sein könnte.

## Berücksichtige deine Familienkonstellation

Gibt es mit deinem Trotzkind vermehrt Stress zwischen Papa und Kind oder Mama und Kind oder besonders dann, wenn alle Familienmitglieder anwesend sind?

Versuche, die Häufigkeit der Wutanfälle gepaart mit der aktuellen Anwesenheit der Familie zu rekonstruieren und zu reflektieren. Rastet dein Kind vielleicht häufiger aus, wenn viele Personen zu Besuch da sind? Oder kommen Wutanfälle bei ihm meistens vor, wenn es alleine ist? Erst wenn du richtig einschätzen kannst, in welchen Situationen es

Parallelen gibt, kann an der Lösung gearbeitet werden.

Stress sollte im Keim erstickt werden, sodass dieser gar nicht erst entstehen kann. Wenn du etwa um 7:00 Uhr mit deinem Kind die Wohnung verlassen musst, um dieses in die Kita zu bringen, um danach zur Arbeit zu fahren, dann plane spätestens ab der Trotzphase hierfür deutlich mehr Zeit ein. Denn dein Kind möchte nun die Schuhe selber anziehen, die Jacke selbst aussuchen und die Mütze, die du ihm raus gelegt hast, gefällt ihm schon mal überhaupt nicht. Auch die Treppe möchte es jetzt nicht mehr runtergetragen werden, sondern lieber selber gehen. Wenn du dies nicht in deiner Tagesplanung berücksichtigst, findet bereits morgens der erste Stress statt. Denn dein Kind wird ganz sicher mit einem Wutanfall der Extraklasse reagieren, wenn es morgens aus Zeitgründen nichts selber machen darf. Aufgrund seiner fehlenden Zeiteinschätzung weiß es nicht, was es bedeutet „spät dran“ zu sein. Du wirst nicht daran vorbeikommen, dass du dein Kind selbstständig Dinge erledigen lassen musst, auch wenn es dieses vielleicht noch nicht ganz perfekt beherrscht. Vor allem die Jacke anzuziehen ist etwas, was den Kleinen eine ganze Zeit lang noch sehr schwerfällt.
Wenn dein Kind also morgens vor dir steht, sich unbedingt die Jacke selber anziehen möchte, du aber weißt, dass es das eigentlich noch nicht kann, dann lasse es dein Kind trotzdem versuchen. Ab einem

gewissen Level wird es dich um Hilfe bitten, oder ist zumindest für dein Hilfsangebot empfänglich.

Ein besonders gut funktionierendes Familienleben arbeitet vor allem mit **Ritualen**, **Regeln und auch Tradition**. Hierbei ist es von Familie zu Familie und auch von Situation zu Situation völlig unterschiedlich, wie dies gehandhabt wird. Zu empfehlen sind in jedem Fall feste Strukturen, damit das Kind Grenzen erfahren kann.

Unter dem Begriff **„Ritual"** kann unter anderem das Gute-Nacht-Ritual verstanden werden. Hier kann beispielsweise die Mutter oder der Vater vor dem Zubettgehen, noch eine Gute-Nacht-Geschichte vorlesen, bis dann die Lieblings-CD angemacht wird und das Kind langsam einschläft. Wenn dieses Ritual jeden Abend durchgeführt wird, wird es mit der Zeit umso besser funktionieren und Schlafdiskussionen werden immer weniger werden.

Unter **„Regeln"** versteht man Prinzipien, die in einer Familie herrschen und zu berücksichtigen sind: Beispielsweise, dass kein Familienmitglied beleidigt oder gar geschlagen wird, unabhängig von dem, was vorher vorgefallen ist. Je klarer diese Regeln aufgestellt sind, desto leichter fällt es auch deinem Kind, abzuschätzen, ob etwas richtig oder falsch ist.

Bei den **„Traditionen"** handelt es sich um familienspezifische Aktivitäten.

In manchen Familien gibt es an Weihnachten Kartoffelsalat mit Würstchen, in anderen Familie Ente, Rotkohl und Klöße zu essen. Hier hat jeder seine eigene Weihnachtstradition, die er lebt, praktiziert und liebt. Traditionen zu erschaffen und zu pflegen stärken das Familienzusammengehörigkeitsgefühl enorm.

Auch Eltern müssen diszipliniert den Alltag bestreiten, denn die Kinder schauen sich von uns noch viel mehr ab, als uns eigentlich bewusst ist.
Hierzu ein paar Beispiele:

- Du kannst deinem Kind nicht erzählen, dass es falsch ist, zu hauen, wenn du selber zuhaust.
- Du kannst deinem Kind auch nicht erklären, dass es sich morgens und abends die Zähne putzen muss, wenn du deine Zähne selber aber nicht putzt.
- Wenn du es mit der Pünktlichkeit nicht so ernst nimmst, wird dein Kind später mit hoher Wahrscheinlichkeit auch zur Unpünktlichkeit neigen.
- Wenn du deinen Haushalt dauerhaft stark vernachlässigst, wird dein Kind mit erhöhter Wahrscheinlichkeit auch unordentlich werden.
- Eltern, die viel Zeit vor dem Handy und TV verbringen, haben meist Kinder, die sich bereits im jungen Alter selbst einen eigenen Fernseher und ein eigenes Handy wünschen.

- Eltern, die viel Zeit mit dem Lesen verbringen, haben häufig Kinder, die sich ebenfalls sehr für Bücher interessieren.
- Je freundlicher wir im Alltag zu unseren Mitmenschen sind, umso freundlicher werden häufig auch die Kinder ihren Mitmenschen begegnen. Sie leben es uns nach.

Wir, die Erziehungsberechtigten, sind diejenigen, die maßgeblich dafür verantwortlich sind, was ein Kind als richtig und falsch oder gut und schlecht erachtet. Als Eltern haben wir immer ein großes Maß an Verantwortung. Dies kann sowohl positive als auch negative Folgen haben und hierüber müssen wir uns jeden Tag bewusst sein.
Familienaktivitäten stellen einen wichtigen Punkt dar, um als Familie wachsen zu können. Sei es, einmal im Monat in den Kletterpark zu gehen, einen Zoobesuch zu unternehmen oder ein Erlebnis-Spaßbad zu besuchen. Dies gemeinsam als komplette Familie zu erleben, fördert das Gemeinschaftsgefühl und es entstehen wundervolle und bleibende Kindheitserinnerungen.

Der wichtigste Punkt ist, nicht perfekt sein zu wollen. Ein Familienleben kann niemals reibungslos ablaufen. Gerade in der Social Media Welt, wo es viele Mütter gibt, die aus ihrem „normalen Alltag“ posten, wird die Welt einer normalen Mutter gerne mal komplett auf den Kopf gestellt. Diese Bilder sind meist völlig bearbeitet und gestellt. Damit zum Beispiel die

Wohnung für ein Foto so aussehen kann, wurde entweder eine Putzkolonne bestellt oder selber stundenlang geschrubbt. Keine Wohnung sieht so übertrieben ordentlich aus, wenn sich darin Kinder befinden, die leben lernen und spielen dürfen. Als Eltern muss man jeden Tag eine Menge an Entscheidungen treffen. Dass hier auch mal eine schlechte dabei sein könnte, müssen wir uns selbst zugestehen. Du musst nicht perfekt sein, um deinem Kind oder deinen Kindern eine gute Mutter sein zu können.

*Ein echtes und liebevolles zu Hause ist deutlich besser als ein steriles.*

# Emotionen

## Wohin mit deinen ganzen Emotionen?

Weil Kinder häufig nicht wissen, wo sie ihre ganzen Emotionen lassen können, finden viele Wutausbrüche statt, so viel wissen wir bereits. Doch nun ist es Zeit, sich zu fragen, wohin du mit deinen ganzen Emotionen sollst. Wo kannst du als Elternteil mit der Wut und Verzweiflung hin, insbesondere so, dass dein Kind hiervon nichts mitbekommt?

Mit Emotionen umgehen zu können und diese unter Kontrolle zu behalten, spielt eine sehr wichtige Rolle und gehört zu den Sozialkompetenzen eines Menschen. Wir Erwachsene sind in der Lage, unsere Gefühle zu erkennen, sie reflektiert zu betrachten und so mit ihnen umzugehen, dass sie uns nützen und nicht schaden. Mit positiven Gefühlen können wir oft bereits sehr gut umgehen. Doch was passiert mit den negativen Gefühlen? Gerade mit diesen müssen wir uns vermehrt auseinandersetzen, damit sich nicht noch mehr Wut aufstaut. Grundsätzlich sollten Kinder nicht merken, wenn Eltern überfordert, wütend oder auch verzweifelt sind. Eltern sollten eher wie „ein Fels in der Brandung“ von Kindern betrachtet werden, um so Sicherheit auszustrahlen.

Um mit negativen Gefühlen besser umgehen zu können, solltest du dich vor allem erst einmal jemandem anvertrauen: Entweder deinem Partner, deinen Eltern, deinen Freunden oder auch nur flüchtigen Bekannten. Je häufiger du über deine Gefühle sprichst, ohne dass dein Kind dies mitbekommt, desto besser kannst du dir eine Einschätzung von außen einholen. Oftmals ist eine Situation gar nicht so schlimm gewesen, wie man diese im fraglichen Moment empfunden hat. Hier ist es sehr wertvoll, wenn man sich mit der Schilderung der Situation einem anderen Menschen anvertrauen kann und diese Person einem dann mitteilt, dass die Situation von außen betrachtet gar nicht so schlimm ist. Dies hilft enorm, um die Blickrichtung wechseln zu können.
Auch eine Unterhaltung mit anderen Eltern kann hier sehr hilfreich sein. Das Gefühl zu erlangen, nicht die Einzige mit einem „Wutkind“ zu sein, kann sich als sehr positiv erweisen.

Wenn du häufig nach einem Wutausbruch deines Kindes wütend oder aggressiv wirst, dann suche dir dringend Ablenkung: Sei es die Runde um den Block oder die Fahrt zum Fitnessstudio. Besonders Sport hilft sehr gut dabei, aufgestaute Aggressionen loszuwerden, ohne dass das eigene Kind dieses erleben muss.

Wenn du der Typ dafür bist, Dinge aufzuschreiben, die du dann „abhaken" kannst, kann dir auch ein Tagebuch weiterhelfen. Notiere hierfür einfach deine negativen Emotionen und setzte dich auf diesem Wege mit ihnen auseinander.

Besonders wichtig ist es, in einer Stresssituation die Reißleine ziehen zu können. Wenn du merkst, dass deine Wut sich ins Unermessliche aufstaut, solltest du aus der Situation sofort raus gehen – beispielsweise, indem du kurz den Raum verlässt, in dem sich dein wütendes Kind befindet.
Außerdem kannst du mit deinem Partner erarbeiten, welche Maßnahmen ihr gemeinsam treffen könnt, um auch mal Abstand zu gewinnen, zum Beispiel mittels einem Urlaubswochenende ohne Kind.

Bitte bedenke, dass du niemals dein Kind mit Wut im Bauch alleine zurücklassen solltest. Auch wenn du merkst, dass du Abstand aus der Situation brauchst, versuche, ein älteres Geschwisterkind oder den anderen Elternteil zu deinem Kind zu schicken. Denn, wenn Erwachsene die Situation kaum aushalten können und deshalb den Raum verlassen müssen, wie muss sich das Ganze dann erst für dein Kind anfühlen?

## Ruhe bewahren

*„Mama/Papa, ich schreie wirklich nicht,*
*um dich zu verärgern.*
*Ich befinde mich einfach nur*
*in der Trotzphase."*

Wir lieben unsere Kinder, so viel ist klar. Doch sie sind durchaus in der Lage, uns zur Weißglut zu bringen. Doch wie genau kann es uns gelingen, die Ruhe zu bewahren?

Wenn das Kind gerade mitten in einem Wutanfall ist, ist es besonders wichtig, dass wenigstens die erwachsene Person die Ruhe behält, damit die Situation nicht eskaliert. Nachfolgend habe ich ein paar Tipps für dich zusammengestellt, die es dir erleichtern, auch in einer starken Stresssituation die Nerven zu behalten.

Vorbeugung ist besonders wichtig.

Kinder in der Trotzphase benötigen nur wenig, um aus der Haut zu fahren: Sei es die falsche Brotdose, die falsche Farbe des Bechers oder auch einfach nur andere Schuhe. Dinge, bei denen du bereits weißt, dass sie für dein Kind ein hohes Streitpotenzial bergen, sollten außerhalb der Sichtweite des Kindes aufbewahrt werden.

**Ein Beispiel:**

Dein Kind findet die rote Brotdose am schönsten. Doch immer, wenn dein Kind in die Küche kommt und du gerade die Brote schmierst, fängt es an, zu schreien und zu weinen, weil es auf einmal doch eine andere Brotdose haben möchte. Hier kannst du einfach, beispielsweise am Abend vorher, bereits die Brote für den Kindergarten schmieren und sie in den Kühlschrank legen. Am nächsten Tag, in einem unbeobachteten Moment, legst du die Brotdose dann in den Kita- oder Schulrucksack. Wenn dein Kind dann in der Kita oder in der Schule Hunger hat, freut es sich auf das Essen und die Farbe der Brotdose spielt keine Rolle.

Natürlich können sich nicht alle Reibungspunkte vermeiden lassen, jedoch sollte die Anzahl weitestgehend minimiert werden. Das schont deine Nerven.
Tiefes Durchatmen.

Meistens sind es ja die einfachsten Methoden, die die beste Wirkung entfalten.
Wenn dein Kind schreit, beißt oder spuckt und du das Gefühl hast, dass du die Kontrolle verlieren könntest, atmest du so lange ganz tief durch, bist du dich, zumindest einigermaßen, wieder beruhigt hast. Am einfachsten und schnellsten funktioniert dies erfahrungsgemäß an der frischen Luft. Da dein Kind natürlich auch Wutanfälle bekommt, wenn du nicht die

Möglichkeit hast, eine Runde um den Block zu gehen, kannst du trotzdem das Fenster öffnen oder dich kurz auf den Balkon stellen. Das Kind solltest du hierbei jedoch immer im Auge behalten, denn es sollte sich in dieser Situation nicht alleine gelassen fühlen.

## Aus dem Gefühl der Wut Kraft schöpfen

Wenn du sehr sauer bist, weil dein Kind beispielsweise den halben Tag nur „grundlos“ geschrien hat, kannst du diese Wut in Energie umwandeln.[15]

Vor allem das Putzen, Fegen, Holz stapeln oder das Ausführen anderweitiger körperlicher Tätigkeiten helfen ungemein, um seiner Wut oder Aggression freien Lauf zu lassen. Dazu kommt, dass du dann auch noch etwas Sinnvolles tust. Jemand, der richtig wütend ist, hat meist innerhalb von ein paar Minuten die komplette Wohnung gefegt.

---

[15] Quelle: https://mama-akademie.de/gelassen-durch-die-trotzphase/

## Auszeit für sich selbst nehmen

Sich selbst eine Auszeit zu nehmen, ist wichtig, um gestärkt den Alltag bestreiten zu können. Doch wie genau kann eine solche Auszeit aussehen?

Um diese Frage beantworten zu können, musst du dich in erster Linie fragen, wie und bei wem du dein Kind unterbringen kannst, um Zeit für dich gewinnen zu können. Kann dein Kind für ein paar Stunden zu den Großeltern? Haben deine Geschwister die Möglichkeit, mal für eine gewisse Zeit auf dein Kind/deine Kinder aufzupassen? Oder kannst du deinem Partner dein Kind für ein paar Stunden überlassen?
Solltest du eine alleinerziehende Mutter oder ein alleinerziehender Vater sein ohne familiären Hintergrund, ist es auch möglich, sich einen Babysitter zu nehmen oder die Auszeiten so zu legen, dass das Kind sich in dieser Zeit entweder in der Kita oder in der Schule befindet.

Wenn dein Kind also nun in guten Händen ist, kannst du dich endlich mal wieder auf dich konzentrieren. Innerhalb dieser Auszeit bist du jetzt nicht mehr nur Mutter oder Vater, sondern eine eigenständige Person. Du kannst tun, worauf du Lust hast. Du musst nicht Rücksicht auf deinen Mann, deine Frau, deine Kinder oder deine Familie nehmen, sondern hierbei geht es nur um dich.

Sehr zu empfehlen ist, etwas zu unternehmen, was du mit deinem Partner oder Kind nicht unternehmen könntest, da die Interessen diesbezüglich deutlich auseinandergehen. Besonders in solchen Situationen bekommt man das Gefühl, etwas aktiv nur für sich selbst zu tun. Doch natürlich können wir uns nicht alle zwei Tage eine Auszeit vom Alltag nehmen. Daher gibt es auch Möglichkeiten, wie du deinen Alltag gestalten kannst, um etwas mehr Zeit für dich zu gewinnen.

Versuche beispielsweise mindestens an einem Tag in der Woche, für dein Kind langweilig zu sein, dass es lieber alleine im Zimmer spielen möchte. Biete dich also an diesem Tag nicht als Spielpartner an. Nach anfänglichem „Gezicke", wird es feststellen, dass es lieber alleine spielt als gar nicht. In dieser Zeit kannst du tief durchatmen und beispielsweise ein Buch lesen.

Am besten planst du deinen Alltag so, dass du dich mindestens eine Stunde am Tag voll konzentriert nur mit deinem Kind beschäftigst, anstatt stundenlang alles parallel machen zu wollen. Je mehr du versuchst parallel laufen zu lassen, desto weniger wird dir meistens gelingen. Das Kind merkt, dass die volle Aufmerksamkeit nicht ihm gewidmet ist und waschen, kochen, putzen, bügeln, aufräumen, wischen und Fenster putzen können auch nicht zeitgleich erledigt werden. Besser ist es, wenn ihr sogenannte „Spielzeiten" vereinbart. Das könnte beispielsweise jeden Tag von 16:00 Uhr bis 17:00 Uhr der Fall sein, und danach kannst du eine Haushaltsstunde einplanen, in der dein Kind dir entweder beim Haushalt helfen kann oder es dich alleine machen lässt, während es in der Zwischenzeit alleine spielt. Das wird dir eine echte Erleichterung im Alltag verschaffen.

Versuche zu lernen, wie man abschaltet. Die einen können es am besten bei einem Spaziergang, die anderen am besten in der Badewanne. Versuche, eine Alltagsbeschäftigung zu finden, in der du dich aktiv entspannen kannst. Es sollte sich hierbei jedoch um eine, wenn nötig, täglich machbare Aktivität handeln, sodass du jeden Tag die Möglichkeit hast, auch nach einem schwierigen Tag mit deinem Kind abschalten zu können.

Koche auch mal wieder etwas, was vor allem dir schmeckt. Familien die immer nur das kochen, was das Kind sich wünscht, kommen als Individuum einfach zu kurz. Natürlich sollte es kein scharfes Essen sein, dass dein Kind nicht mitessen kann, das versteht sich von selbst. Jedoch muss das Kind nicht jeden Tag gefragt werden, was es denn heute gerne essen möchte. Auch du als Erwachsener hast das Recht, zu entscheiden, was du essen möchtest. Hier könnte etwa vereinbart werden, dass freitags die Mutter, samstags das Kind und sonntags der Papa aussuchen darf, was gegessen wird.

Erinnerst du dich, wann du das letzte Mal Kleidung nur für dich gekauft hast? Bekanntlich kaufen wir für unsere Kinder eine Menge an Anziehsachen, Spielzeug oder sonstigen Dingen. Für uns selbst sind wir meistens jedoch zu geizig, Geld auszugeben. Den Kindern hingegen kaufen wir gerne Dinge im Überfluss.

Wenn es bereits ziemlich lange her ist, dass du nur für dich einkaufen warst, solltest du dies nachholen. An einem Nachmittag, an dem beispielsweise dein Partner auf das Kind aufpassen kann, kannst du in die Stadt fahren und mal nur für dich shoppen gehen, denn du bist nicht nur Mutter oder Vater, sondern vor allem eine eigenständige Persönlichkeit.

Auch die eigene Lieblingsmusik zu hören, kann enorm dabei helfen, sich aktiv eine Auszeit zu nehmen. Gerade wenn am Wochenende viele Kinderlieder mittels CD-Player abgespielt wurden, kann es sehr angenehm sein, die eigene Musik beim Putzen, spazieren gehen oder einfach nur mal so zu hören.

# Im Alltag

*„Lerne, ruhig zu bleiben.*
*Nicht alles benötigt eine*
*prompte Reaktion deinerseits."*

## Ja, Kinder brauchen Grenzen

Kinder benötigen ganz klare Grenzen, um sich an ihnen orientieren zu können. Die Erfahrung, dass Grenzüberschreitungen bemerkt, geahndet und auch besprochen werden, sind wichtige Lernaufgaben für ein Kind. Hierbei ist es zwingend notwendig, auf das richtige Verhältnis zwischen einem Fehlverhalten und einer Konsequenz zu achten.
Die Eltern sollten hier vor allem eine Einheit bilden: Was das Kind nach Auffassung der Mutter nicht darf, darf der Vater nicht erlauben und umgekehrt. Wer hier nicht an einem Strang zieht, hat verloren. Denn Kinder sind sehr schnell in der Lage, zu erkennen, wie sie ihre Eltern gegeneinander ausspielen können, um so an das gewünschte Ziel zu gelangen.

Klare Grenzen zu setzen, ist aus den verschiedensten Gründen wertvoll und wichtig. Diese bieten vor allem Schutz. Wenn die Kinder alles tun können, was sie möchten, laufen sie schnell Gefahr, sich selbst bzw.

anderen zu schaden. Denn besonders Kleinkinder sind noch nicht in der Lage, das Gesamtmaß ihres eigenen Handels abzuschätzen.
Doch klare Grenzen geben auch Sicherheit und Halt. Sie wissen, dass sie sich innerhalb dieser Grenzen bewegen können, ohne Konsequenzen fürchten zu müssen.

Das wichtigste an klaren Regeln und Grenzen ist der Spielraum zwischen ihnen. Hierbei handelt es sich um einen sogenannten Handlungsspielraum, in dem das Kind einen Freiraum erlangen, den es selbst bestimmen kann. Durch die Selbstbestimmung innerhalb der Grenzen bekommen Kinder immer mehr Selbstvertrauen und Orientierung.

Doch eine Erziehung klappt nicht nur durch das Setzen von Grenzen, sondern geht einher mit sehr viel Zuwendung, Liebe und Zeit. Nur wenn diese Faktoren alle aufeinandertreffen, kann das Kind sich innerhalb der vereinbarten Grenzen frei entfalten.[16]

---

[16] Quelle: https://www.9monate.de/leben-familie/kindererziehung/trotzphase-beim-kind-id100245.html

## Wenn das Essen dauernd auf den Boden fliegt

Es kommt nicht selten vor, dass in der Trotzphase das Essen auf dem Boden landet. Sei es, weil das Kind unzufrieden mit der Schüsselfarbe ist oder weil das Essen einfach nicht schmeckt. Hier ist Experimentierfreude der Eltern gefragt: Sowohl bei der Tellerauswahl, die ab einem gewissen Alter vom Kind selbst übernommen werden sollte, um Stress zu vermeiden, als auch der Möglichkeit, Lebensmittel auch mal anders zuzubereiten.

Nehmen wir als Beispiel die Kartoffel.

Wenn dein Kind vermehrt die Kartoffeln beim Essen auf den Boden wirft, versuche ihm diese anderweitig schmackhaft zu machen. Du könntest es beispielsweise mit einer kleinen Portion Bratkartoffeln oder mit Kartoffelbrei ausprobieren. Das Kind darf grundsätzlich nicht dazu gezwungen werden, irgendetwas zu essen. Als Elternteil sollte man jedoch darauf bestehen, dass das Kind wenigstens ein bisschen von der Mahlzeit probiert. Hier ist Hartnäckigkeit gefragt.

## Wenn das Essen verweigert wird

Vor allem in der Trotzphase ist es ein häufiges Phänomen, dass Kinder auch Essen, das sie sehr gerne mögen, auf einmal verweigern. Wenn dein Kind das Essen gänzlich ablehnt, dann stell sicher, dass du immer Lebensmittel zu Hause hast, die es wirklich gerne isst. Sei es einen Apfel, eine Gurke, ein Käsebrot oder eben auch Mittagsgerichte, die es eigentlich mag. So kannst du ausschließen, dass es bei der Essensverweigerung daran liegt, dass es das Gericht nicht mag. Wenn der Grund wegfällt, dass dein Kind das Gericht nicht mögen könnte, macht es natürlich auch keinen Sinn ihm etwas Neues zu kochen.

Es ist wichtig, dem Kind immer eine Alternative anzubieten. Diese sollte aber jeden Tag gleich aussehen, beispielsweise in Form eines Butterbrots. Da noch kein Kind - so schlimm, wie es sich auch anhört - vor einem vollen Teller verhungert ist, wird dein Kind essen, wenn es Hunger hat. Du solltest grundsätzlich keine dritte Alternative anbieten. So würdest du ihm nur signalisieren, dass es dich in der Hand hat und du alles tust, was es gerne möchte. Dies ist in der Erziehung sehr kontraproduktiv und benötigt Durchhaltevermögen und Disziplin.

## Wie man den Schnuller am besten abgewöhnen kann

Einen Schnuller wieder abzugewöhnen kann, vor allem in der Trotzphase, eine echte Herausforderung werden. Manchen Kindern hilft der sogenannte „kalte Entzug“, am besten. Hierbei werden in einer einzigen Aktion alle Schnuller aufgesammelt, weggeschmissen

und sind ab dato nicht mehr für das Kind greifbar. Doch wenn du dir nicht vorstellen kannst, dass so ein kalter Schnuller-Entzug deinem Kind helfen könnte und du dies ihm auch nicht antun möchtest, ist ein langsamer Prozess die nächste Variante.
Hierbei zählst du in erster Linie alle Schnuller, die ihr zu Hause habt. Einen Großteil von diesen schmeißt du wortlos weg, sodass dein Kind sie auch nicht zufällig entdecken kann. Nun nimmst du Tag für Tag oder Woche für Woche immer wieder einen weiteren Schnuller mehr weg, sodass das Kind am Ende, ohne dass es das bemerkt hat, nur noch einen Schnuller hat. Beim nächsten Spielplatzbesuch oder Spaziergang kann in einem unbeobachteten Moment auch die letzten Schnuller entfernt werden. Diese Variante benötigt zwar unglaublich viel Zeit, ist aber deutlich schonender als erstere.

Die Schnuller-Fee ist eine gute Möglichkeit, um das Kind etwas schneller den Schnuller abzugewöhnen. Erzähle deinem Kind, dass ihr alle Schnuller einsammeln müsst, da diese für einen wohltätigen Zweck gespendet werden. Die Schnuller-Fee holt die Schnuller ab und kann ein kleines Geschenk dafür dalassen, wenn das Kind schläft.

## Wenn das Kind sich nicht wickeln lassen möchte

Die Gründe, warum dein Kind sich auf einmal nicht mehr wickeln lassen möchte, können vielfältig sein. Ist es ihm vielleicht in dem Raum, in dem du es wickelst, zu kalt? Ist es vielleicht schon in einem Alter, in dem es ihm unangenehm ist, noch eine Windel tragen zu müssen? Möchte es einfach nur nicht mehr im Liegen gewickelt werden, aber im Stehen wäre es kein Problem? All diese Fragen solltest du zuerst mit deinem Kind besprechen, um an der Lösung des Problems arbeiten zu können. Sollte es an der Temperatur im Wickelraum liegen, stell sicher, dass es hier immer schön angenehm warm ist. Wenn es sich nicht mehr auf dem Rücken wickeln lassen möchte, hast du die Möglichkeit, das Ganze im Stehen zu tun. Hierfür stellst du es auf eine Erhöhung deiner Wahl und legst die Windel im Stand an.

Eine total praktische Alternative ist außerdem Wickelspielzeug. Spielzeug, dass das Kind nicht alltäglich haben kann, da es gesondert aufbewahrt wird, ist besonders spannend für Kinder. Wenn du also gerade am Wickeln bist und dein Kind sehr unruhig ist, ist es gut, wenn du dieses seltene Spielzeug in Griffnähe hast.
Du solltest es, egal wie du es handhaben möchtest, immer mit viel Fingerspitzengefühl tun.

## Wenn das Kind keine Lust auf Zähne putzen hat

Wenn dein Kind keine Zähne mehr putzen möchte, gibt es etwas, was du tun kannst, um dies zu ändern. Als Erstes solltest du dir regelmäßig in Anwesenheit deines Kindes die Zähne putzen, um so als gutes Vorbild voranzugehen. Kaufe deinem Kind eine Zahnpasta und eine Zahnbürste, die ihm auch wirklich gut gefällt. Lass es sich selbst die Zähne putzen, wenn es dies so wünscht. Du kannst hinterher immer noch mal drüber putzen. Zähne putzen kann spannender mit Musik oder Zahnputz-Liedern werden.

## Zahnen in der Autonomiephase

Vermehrt treten ab dem 18. Lebensmonat die Milchbackenzähne auf, die sich ihren Weg vom Kiefer durch das Zahnfleisch regelrecht bohren. Besonders die Backenzähne sind langwieriger und häufig erst gegen Ende des zweiten Lebensjahres vollständig entwickelt. Ab dem dritten Lebensjahr sind die Milchzähne dann komplett sichtbar.

Beim Zahnen gibt es unterschiedliche Lösungsansätze. Hier ist die Frage, ob das Kind besser mit Kälte oder Wärme umgehen kann. Verträgt dein Kind die Kälte besser, kannst du ihm ein Kühlpad geben, das in einem Tuch eingewickelt ist. Damit kann es sich dann die betroffene Gesichtshälfte kühlen.

Hierdurch können Entzündungen zurückgehen und Schmerzen gelindert werden.

Wenn dein Kind jedoch besser Wärme verträgt, kannst du ihm beispielsweise ein Kirschkernkissen in der Mikrowelle warm mache.  Dies darf auf keinen Fall zu heiß werden! Das Kirschkernkissen hält dein Kind sich dann an die betroffene Gesichtshälfte. Durch die Wärme werden die Blutgefäße erweitert und die schmerzende Stelle wird mit mehr Blut versorgt. Auch dies kann zur Schmerzlinderung führen.

Außerdem gibt es auch Zahnungsgel, das an den betroffenen Stellen die Schmerzen lindern kann.

## Einschlafrituale und wie man mit Schlafproblemen umgeht

Schlafrituale können weit gestaffelt sein. Ein Ritual könnte beispielsweise sein, dass nur Mama das Kind ins Bett bringen darf oder eben nur Papa.
Es gibt Musikboxen, die dem Kind Kindergeschichten und Kinderlieder vor dem Schlafengehen vorspielen. Hier muss aber im Vorfeld ganz akribisch besprochen werden, bis wann das Kind eine Geschichte hören darf.
Auch die Wahl eines bestimmten Kuscheltiers, das mit im Bett schlafen darf, erleichtert das Einschlafen enorm.

Außerdem sollte es sich auch um eine identische Uhrzeit handeln, vor allem unter der Woche, wann das Kind ins Bett muss. Stell dir vor, dass du mit deinem Kind eine Abmachung getroffen hast, dass dieses um 20:00 Uhr ins Bett geht und vorher dafür noch 20 Minuten eine CD anhören darf. Je öfter diese Situation genauso gehandhabt wird, desto schneller wirst du merken, dass es tatsächlich rechtzeitig müde wird. Hier spielt der Gewöhnungseffekt eine entscheidende Rolle.

Sollte dein Kind Angst im Dunkeln haben, gibt es die Möglichkeit ein Nachtlicht anzubringen, dass die ganze Nacht scheint. Hierbei handelt es sich meist um ganz kleine Figuren, die beleuchtet sind, mit denen die Kleinen keine Angst mehr haben.

Schlafprobleme sind nur in wenigen Fällen auf eine Erkrankung zurückzuführen. Meistens jedoch hat das Kind, wenn es unter Schlafstörungen leidet, den Tag über viele neue Eindrücke gesammelt und hat nun mit einer Art Reizüberflutung zu kämpfen.
Auch die Angst vor dem Einschlafen kann Kinder daran hindern, schlussendlich einzuschlafen.
Besonders bei Schlafproblemen solltest du dein Kind ernst nehmen. Auch wenn es dir von Monstern unter dem Bett berichtet, musst du immer im Hinterkopf haben, dass es sich für dein Kind wie eine echte Bedrohung anfühlt.

Versuche das Kinderzimmer und vor allem den Schlafbereich so schön, erholsam und flauschig zu gestalten, wie es nur irgendwie möglich ist.

## Homöopathie in der Trotzphase

Globuli sind bei Eltern sehr beliebt, da diese nicht zu den typischen chemischen Medikamenten zählen. Insbesondere beim Zahnen kann die Homöopathie weiterhelfen.

Welche Globuli in welcher Phase und vor allem auch in welcher Dosierung genommen werden sollten, lässt sich am besten in der Apotheke erfragen. Dadurch, dass es eine Menge an Möglichkeiten gibt, Globuli einzusetzen, kann man schnell den Überblick darüber verlieren, welche Kügelchen tatsächlich am besten helfen.

## Zeitliche und räumliche Strukturen

Zeitliche und räumliche Strukturen sind, genau wie Grenzen, für Kinder unerlässlich. Mit der zeitlichen Struktur sind klare zeitliche Regelungen gemeint. Beispielsweise gibt es die Möglichkeit, ein Zeitfenster zu benennen, in dem ein Kind im Garten im Sandkasten spielen darf, bevor es zum Essen rein muss. Wenn es keine zeitlichen Strukturen gäbe - vor allem die wiederkehrenden Strukturen sind hier von Bedeutung - wäre ein organisiertes Familienleben nicht möglich. Auch räumliche Strukturen zu erkennen und zu wahren, ist eine nicht immer ganz leichte Aufgabe. Bei einer Familie mit zwei Kindern, die in getrennten Kinderzimmern wohnen, ist es wichtig, den Kindern zu erklären, dass sie nicht einfach in das Zimmer des Geschwister-Kindes gehen können. Jeder Mensch, auch innerhalb einer Familie, sollte seinen eigenen Rückzugsraum haben, um an einem schlechten Tag Kraft sammeln zu können.

Hat dein Kind zeitliche Strukturen, die du einhältst? Und hat es räumlich gesehen die Möglichkeit, sich zurückzuziehen, wenn ihm danach ist?

## Fantasiereisen und Yoga Übungen für starke Kinder

Fantasiereisen eignen sich wunderbar, um die Vorstellungskraft und Fantasie eines Kindes anzuregen. Außerdem können die Kinder innerhalb einer Fantasiereise entspannen und lernen, sich besser auf ihre Umgebung zu konzentrieren.

Fantasiereisen sind im Allgemeinen ab drei Jahren empfohlen. Gut ist es außerdem, wenn diese in einem abgedunkelten Raum und in einer völlig ruhigen Umgebung stattfinden. Die Kinder befinden sich dabei auf einer Matte liegend in einem wohl temperierten Raum. Wichtig ist es, im Vorfeld festzulegen, dass das Kind seinen Platz nicht verlassen darf. Außerdem ist es sinnvoll, dass die Kinder vor einer Fantasiereise bereits gegessen und getrunken haben. Auf der Toilette sollten sie ebenfalls schon gewesen sein, da eine solche Geschichte einige Minuten in Anspruch nimmt. Man kann eine Fantasiereise für ein einzelnes Kind zu Hause durchführen, aber auch in Gruppen in der Kita bzw. im Kindergarten.

Nachfolgend kommt als Beispiel eine Fantasiereise, die du so oder ähnlich gerne mit deinem Kind ausprobieren kannst. Hierbei handelt es sich nur um eine Empfehlung und du wirst sehr schnell merken, wie so eine Fantasiereise aufgebaut ist. Ob du dich am Strand, auf der Wiese, im Zoo oder wo auch immer befindest, entscheidest du allein. Am besten suchst du dir für die Traum-Geschichte einen Ort aus, an dem dein Kind bereits war und wo es ihm sehr gut gefallen hat.
Wenn das Kind entspannt auf dem Rücken liegt, bittest du es, die Augen zu schließen und verschlossen zu halten.

Eine kurze Fantasiereise: (gesprochener Text)

**Der Einstieg:**

Du liegst ganz entspannt auf dem Boden. Du hörst nichts außer der Stille. Deine Hände und Arme fühlen sich ganz warm an. Deine Schulter und dein Nacken sind leicht. Deine Beine dürfen sich entspannen und dein Gesicht ruht sich aus. Dir geht es gut und du fühlst dich wohl. Dann kann deine Reise beginnen.

**Der Hauptteil:**

Stell dir vor, du befindest dich aktuell am Strand. Du liegst auf deiner Decke am Meer und hörst das Wasserrauschen. Es ist schön warm, aber nicht zu heiß. Du fühlst jeden Sonnenstrahl und würdest am liebsten für immer hierbleiben. Du schaust dich um. Am liebsten würdest du jetzt eine große Sandburg bauen. Neben dir findest du Förmchen, um eine Sandburg bauen zu können. Du begibst dich sofort an die Arbeit und baust eine wunderschöne Sandburg. Diese zeigst du ganz stolz deinen Eltern und freust dich, dass es so gut geklappt hat. Ihr genießt noch gemeinsam einige Stunden am Strand. Du fühlst dich ausgeruht und entspannt.

**Die Rückführung:**

Nun komm mit deinen Gedanken langsam vom Strand zurück auf deine Liegematte. Lasse deine Augen ruhig noch ein wenig geschlossen und genieße die Stille um dich herum. Nun atmest du in etwa fünfmal tief ein und aus. Nehme dir hierfür so viel Zeit, wie du benötigst. Jetzt kannst du ganz langsam deine Augen wieder öffnen und sie an das Tageslicht gewöhnen. Damit ist deine Fantasiereise beendet.

## Kinder Yoga:

Beim Kinder Yoga kommt es auf die natürliche Freude an der Bewegung und auch auf das Erlernen von neuen Sachen an. Yoga ist besonders sinnvoll, da es bereits im jungen Alter den Spaß an der Bewegung fördert. Außerdem wird das Selbstvertrauen, die innere Kraft wie auch die Konzentration geschärft. Es gibt extra Kinder Yogakurse, die darauf ausgelegt sind, das Bewusstsein der Kinder zu stärken.

Doch wer kann Yoga ausüben?
Grundsätzlich kann jedes Kind bereits ab dem Baby Alter Yoga üben.
Durch regelmäßiges Üben entspannt sich dein Kind immer mehr. Innerhalb einer Yoga Stunde wird nämlich der gesamte Körper bewegt und ist in der Lage, innere Verspannungen aufzulösen. Doch auch zu Hause kann dein Kind unter deiner Anleitung Yoga lernen.

Nachfolgend findest du ein paar Kinder Yogaübungen, die sich ideal zum Nachmachen für zu Hause eignen.

### *Die Kinder Yogaübung „Der Frosch“:*

Bei dieser Yogaübung stellt sich dein Kind breitbeinig hin und geht ganz tief in die Hocke. Seine Hände legt es flach auf dem Boden und der Oberkörper lehnt sich weit nach vorne. Wichtig ist, aufzupassen, dass die Füße komplett auf dem Boden aufliegen.

### *Die Kinder Yogaübung „Die Heuschrecke“:*

Dein Kind legt sich hierfür auf den Bauch. Es nimmt nun seine Hand und ballt diese zur Faust zusammen. Dann legt es seine beiden Fäuste unter seine Oberschenkel. Nun werden die Beine soweit es geht nach oben gehoben, die Schulter und der Kopf bleiben jedoch unten.

### *Die Kinder Yoga Übung „Der Hase“:*

Hierbei handelt es sich um eine sehr einfache Yoga Übung. Dein Kind setzt sich auf den Boden, nimmt die Arme zwischen die Beine und hält sich an den Füßen fest.

### *Die Kinder Yoga Übung „Die Raupe“:*

Dein Kind legt sich auf den Bauch und ist in der Lage, mit seiner Nase den Boden zu berühren. Anschließend stützt es sich mit seinen Händen neben seinen Schultern ab. Die Füße sind nun angewinkelt und das Becken wird angehoben, sodass nur noch die Zehenspitzen, die Brust, die Hände und das Kinn den Boden berühren.

Auch für Atemübungen sind die Kleinen tendenziell nicht zu jung. Hier ist es jedoch von Vorteil, wenn das Kind sich in einem Alter befindet, in dem es verstehen kann, was eine bewusste und unbewusste Atmung ist. Ansonsten können die Atemübungen, die auch für die Eltern bestimmt sind, als Familie gemeinsam oder auch voneinander getrennt durchgeführt werden.

## Lebe die Achtsamkeit!

Aus dem Buddhismus kommt das Konzept der Achtsamkeit, wobei die Meditation eine sehr große Rolle spielt. Grundsätzlich lässt sich sagen, dass die Achtsamkeit als eine Art Haltung angesehen wird, der die Meditation zugrunde gelegt wurde. Es ist nicht möglich, eine Meditation durchzuführen, ohne achtsam zu sein. Achtsamkeit hilft uns, unseren Alltag besser zu bestreiten, Stress zu reduzieren und uns „runter zu fahren". Das Gute ist, dass sich die Achtsamkeit lernen lässt. Es gibt professionelle Achtsamkeitstrainingslager, die über einen Zeitraum von acht Wochen ein solches Training anbieten. Die Achtsamkeit wird hier durch das Meditieren, Yoga und auch die Atmung trainiert.

Nachfolgend liste ich dir vier Achtsamkeitsübungen für dein Kind, aber auch für dich auf.

### *Die Achtsamkeitsübung am frühen Morgen:*

Am besten kannst du oder dein Kind am frühen Morgen nach dem Aufwachen im Bett meditieren, indem du liegen bleibst, aber die Augen offenhältst. Du atmest zuerst einige Male ganz bewusst und tief ein und aus. Dann schließt du deine Augen und richtest deinen Fokus auf deinen Körper.

- Wie geht es dir heute?
- Tut dir irgendetwas weh?
- Welche Gedanken hast du in deinem Kopf?

Versuche, deinen Körper gedanklich zu scannen, um so festzustellen, ob irgendwas nicht stimmen könnte. Hierbei geht es darum, seinen Körper wahrzunehmen und die Aufmerksamkeit einmal auf sich selbst zu lenken. Am besten wirkt diese Achtsamkeitsübung, wenn sie täglich durchführt wird.

### *Die Achtsamkeitsübung der gewöhnlichen Dinge:*

Auch gewöhnliche Dinge schätzen zu können ist etwas, das gelernt werden möchte. Hierzu sollst du oder dein Kind alltägliche Lebenssituationen hinterfragen, beispielsweise beim Zähne putzen:

- Wie fühlt sich die Zahnbürste in meiner Hand und in meinem Mund an, benötige ich bald eine neue?
- Bist du mit der Zahnpasta zufrieden?

Hinterfrage mindestens einmal am Tag in einer Alltagssituation etwas ganz bewusst.

***Die Stein-Meditation:***

Bei einer Stein Meditation geht es darum, Steine zu sammeln, wobei es nicht um deren Größe oder Form geht, sondern dein Kind jeden Stein mitnehmen kann, egal ob klein oder groß. Es geht hier nicht um die Optik oder um irgendwelche Besonderheiten, die der Stein aufweisen muss. Es geht vielmehr darum, dass dein Kind sich selbst einen Stein aussuchen kann und ihn mit nach Hause nehmen darf, sofern das gewünscht ist. Zuhause kann dein Kind den Stein begutachten, aber auch anmalen und sich mit ihm beschäftigen.

- Was könnte das für ein Stein sein?
- Wie lange hat der Stein dort schon gelegen?

Es gibt eine Menge Fragen, die wir uns jeden Tag stellen können, um achtsamer durchs Leben zu gehen. Doch in unserem stressigen Alltag haben wir hierfür meist keine Zeit und keinen Sinn. Umso wichtiger ist es, dass unsere Kinder sich mithilfe von Achtsamkeitsübungen auf schöne Dinge konzentrieren können, um ihre Aufmerksamkeit auf ein neues Level zu bringen.

### *Atem-Achtsamkeitsübung*

Bei den Atem-Achtsamkeitsübungen ist es wichtig, die Kinder richtig zu betreuen. Du kannst dich beispielsweise auf die Bettkante zu deinem Kind setzen und ihm sagen, dass es einmal ganz tief ein- und ausatmen soll. Hierbei kannst du beobachten, ob dein Kind dies automatisch über die Nase oder über den Mund tut. Atmet dein Kind automatisch tief über den Mund ein und aus, bittest du es, beim nächsten Atemzug über die Nase ein- und auszuatmen. Sollte es über die Nase tief einatmen, bittest du es darum, beim nächsten Atemzug durch den Mund zu atmen. Dadurch kann das Kind eine bewusste Veränderung wahrnehmen. Auch, dass ruhiges Atmen in Stress- oder Angstsituationen helfen kann, kann durch die Eltern dem Kind vermittelt werden.

# Bonuskapitel:

## Tipps und Tricks für die Erziehung in jedem Bereich

*„Das Schwierige an der Erziehung ist, sich selbst an die ganzen Regeln zu halten."*

### Meditationsübungen für Eltern

Meditationsübungen eignen sich optimal für Eltern, die Kraft tanken möchten. Das Gute an Meditationsübungen ist, dass sie fast überall ausführbar sind, kein Geld oder Zubehör benötigen und auch für Schwangere geeignet sind. Nachfolgend liste ich dir vier Meditationsübungen auf, die du gerne in deinen Alltag integrieren kannst. Du benötigst für die Meditationen einen ruhigen Raum beziehungsweise ein stilles Plätzchen.

***Energie tanken:***

Diese Meditationsübung kannst du sowohl im Sitzen als auch im Liegen durchführen. Du atmest hierfür einige Male tief ein. Jedes Mal, wenn du tief eingeatmet hast, stellst du dir bildlich vor, wie ein

„Energie-Schwall“ in deinen Körper gelangt. Nun schließt du die Augen, versuchst zu fühlen und dich darauf zu konzentrieren, wie sich diese Energie in deinem gesamten Körper verteilt. Führe diese Meditation solange durch, bist du dich gestärkt fühlst.

### *Die Meditationsübung der Weite:*

Diese Meditationsübung eignet sich vor allem dazu, sich auf eine akute Ruhephase vorzubereiten, wie beispielsweise einem Kurzschlaf.

Lege dich auf eine Matte, deine Couch oder dein Bett, schließe die Augen und stelle dir vor, du würdest auf einem Felsen stehen, der sich in der Mitte des Meeres befindet. Das Wasser ist still und es ist absolut ruhig. Du schaust immer wieder zum Wasser und siehst die schöne blaue Farbe. Nun stellst du dir vor, dass sich das Meer aktuell in deinem Körper befindet. Du tauchst hinunter bis auf den Grund und suchst dort nichts außer der absoluten Stille. Je mehr du dich in diese Meditation hineinfallen lassen kannst, desto leichter fällt es dir einzuschlafen.

### *Die Luft Meditation:*

Diese Meditation kann im Sitzen oder im Stehen durchgeführt werden, muss aber aus der Mitte eines Raumes heraus geschehen. Deine Augen sind geöffnet und du versuchst, keinen Gegenstand zu fixieren. Versuche eher, den leeren Raum zwischen den Möbeln und Gegenständen zu sehen, und konzentriere dich auf den Zwischenraum und die Luft, die dich umgibt. Nun atmest du ganz bewusst ein und aus und zählst deine Atemzüge beim Einatmen. Versuche so gleichmäßig wie möglich zu atmen, damit du dich schon bald federleicht fühlen kannst. Zum Schluss zählst du deine Atemzüge beim Ausatmen, die deinen Körper wieder verlassen.

### *Vipassana Meditation:*

Bei dieser Meditationsübung wird eine Zeitspanne von 30 bis 60 Minuten benötigt. Diese Meditation wird im Sitzen durchgeführt und ist auf Entspannung ausgelegt. Du sitzt nun also bequem auf einer Matte, der Couch oder im Bett und achtest auf deinen Atem. Mit jedem Atemzug, den du ausatmest, stellst du dir vor, wie die Anspannung in deinem Körper den Körper verlässt. Während du immer ruhiger ein- und ausatmest, entspannt sich dein Körper immer mehr. Nun nimmst du deine Hand und ballst sie zur Faust. Lediglich dein gestreckter Zeigefinger ragt aus deiner Faust heraus. Deine Augen bleiben geschlossen und du atmest ein und aus, ohne dich dabei auf etwas Bestimmtes zu konzentrieren. Wenn jetzt dein Kopf völlig frei von jeglichen Gedanken ist, lenke deinen Fokus auf den gestreckten Zeigefinger. Im Idealfall verspürst du sogar bereits nach wenigen Minuten ein leichtes Kribbeln im Zeigefinger.

### *Atemübungen*

Bei Atemübungen kommt es vor allem darauf an, wie, wo und wie oft diese durchgeführt werden. Zu empfehlen ist hierbei, die Atemübungen im Sitzen oder sogar im Liegen durchzuführen. Grundsätzlich sollten diese Übungen in einem stillen Raum stattfinden.

Am besten versuchst du, ein bis zweimal am Tag eine Atemübung in deinen Alltag einfließen zu lassen. Wenn du es dann auch noch schaffst, dies immer zur gleichen Zeit zu praktizieren, erhöht sich der Effekt deutlich. Außerdem sind Atemübungen dazu gemacht, in stressigen Situationen einen „kühlen Kopf“ zu bewahren, weil man den übermäßigen Stress sozusagen weg atmet.

Je länger eine Atemübung dauert, umso größer sind die Vorteile, die du daraus ziehst. Stell dir vor, du hast ein einstündiges Streitgespräch mit deiner Tochter geführt und entspannst bei einer 30-sekündigen Atemübungen. Hier stehen Stresspegel und Entspannungsübung in keinem Verhältnis zueinander. Wenn du nur wenig Zeit am Tag hast, ist es trotzdem wichtiger, dass du zweimal kurz übst als gar nicht. Ab 10 Minuten oder natürlich besser noch länger profitierst du zunehmend mehr davon.

Nachfolgend habe ich dir vier Atemübungen zusammengestellt, die du jeden Tag in deinen Alltag integrieren kannst.

***Die Bauchatmung:***

Hierbei handelt es sich um eine sehr leichte Atemübung, die ohne Vorkenntnisse direkt von jedem angewendet werden kann, um den Stresspegel zu senken.
Für diese Übung ist es wichtig, dass du dich hinlegst und eine Hand auf den Bauch legst. Nun atmest du nur durch die Nase ein und spürst, wie sich dein Bauchraum mit Luft füllt. Nun atmest du durch die Nase wieder aus und fühlst mit deiner Hand, dass sich der Bauchraum senkt. Diese Reihenfolge wiederholst du mit tiefen Atemzügen immer wieder bis du das Gefühl hast, dass sich eine deutliche Entspannung breit macht.

***Die progressive Entspannung:***

Eine Atemübung gepaart mit einer progressiven Muskelentspannung kann dir dabei helfen, dich sowohl geistig als auch körperlich zu entspannen.
Für diese Übung spannst du immer wieder eine bestimmte Muskelgruppe für circa 2 bis 3 Sekunden nacheinander an. Diese Atemübung kann nur im Liegen durchgeführt werden und benötigt ein paar Minuten Zeit. Du legst dich bequem hin und atmest tief

durch. Nun spannst du eine gewisse Muskelpartie an und atmest dabei ein. Erst wenn du die Spannung loslässt, atmest du wieder aus. Konzentriere dich jeweils auf die unterschiedlichen Muskelpartien, die du abwechselnd unter der Einatmung anspannst und unter der Ausatmung lockerst.

***Die ausgeglichene Atmung:***

Ob du diese Atemübungen im Stehen, Gehen, Sitzen oder wie auch immer erleben möchtest, ist einzig und allein dir überlassen. Bei dieser Übung atmest du für 4 Sekunden ein und im Anschluss gleichmäßig wieder für 4 Sekunden aus. Wenn du darin Übung hast, kannst du die jeweilige Zeit auch auf 8 Sekunden pro Atemzug ausweiten. Dies reduziert den Stresspegel ungemein und beruhigt das vegetative Nervensystem.

***Die Atmungszählübung:***

Hierfür setzt du dich in eine bequeme Position. Deine Wirbelsäule ist gerade und dein Kopf ist leicht nach vorne gebeugt. Um mit der Übung ganz einfach starten zu können, zählst du eine „eins" während der Ausatmung. Wenn du nun das nächste Mal ausatmest, zählst du eine „zwei", bis du bei fünf angelangt bist. Du solltest niemals weiter als fünf zählen und diese Übung nur solange durchführen, wie es dir gut geht.

## Reflexionsübungen

Hierbei geht es darum, dass du dich in regelmäßigen Abständen selbst in deiner Reflexion übst. Dafür kannst du dir folgende Reflexionsfragen regelmäßig stellen:

- Gelingt es mir immer, Situationen im Nachhinein gut zu reflektieren?
- Gab es in der Vergangenheit eine Situation, die ich ganz anders reflektiert habe als sie tatsächlich war? Und wenn ja, welche Situation war das?
- Warum reagiere ich in manchen Situationen über?
- Wo sind meine Stärken?
- Wo liegen meine Schwächen?
- Setze ich mich wirklich durch?
- Bin ich zu streng?
- Sehe ich vieles zu locker?
- Wie fühle ich mich dabei, wenn ich im Nachhinein Dinge reflektiert betrachte?
- Wie schaffe ich es, in einer ähnlichen Situation angemessener zu reagieren?
- Traf mich in Situation XY auch eine Schuld?
- Was sind jetzt die ersten Schritte, die ich ändern möchte?

Die Liste der Reflexionsfragen kannst du beliebig tauschen, verändern oder ergänzen.

Mindestens einmal im Monat solltest du dir, entweder alleine oder gemeinsam mit deinem Partner, Reflexionsfragen stellen, um den Monat Revue passieren zu lassen. Hierbei wirst du bzw. ihr selbst auf die Antwort kommen, was speziell in deinem/eurem Alltag noch verbesserungswürdig ist.

# Zitate, Sprüche und Sätze, die zum Nachdenken anregen

Zum Schluss möchte ich dir noch ein paar Zitate, Sprüche und Sätze zum Nachdenken mitgeben, die dir Kraft und Freude für den Alltag geben sollen.

*„Die Beziehung zu einem Kind ist*
*keine Einbahnstraße.*
*Das Kind soll nicht nur*
*das entgegennehmen,*
*was wir ihm geben wollen.*
*Wir müssen auch bereit sein,*
*das entgegenzunehmen,*
*was unsere Kinder uns geben.*

Jesper Juul

*„Die Qualität von Eltern*
*bemisst sich nicht nach den Regeln,*
*die sie ihren Kindern vorgeben,*
*sondern nach der Art ihrer Reaktion,*
*wenn diese Regeln gebrochen werden.“*

Jesper Juul

*„Psychische Strafen wirken wie*
*Hämatome auf die Seele, deren*
*Heilung oft langwierig ist.“*

Katharina Saalfrank

*„Man kann Kindern nicht beibringen,*
*sich besser zu verhalten,*
*indem man sie dazu bringt,*
*sich schlechter zu fühlen.*
*Wenn Kinder sich besser fühlen,*
*dann benehmen sie sich auch besser."*

Pam Leo

*„Kindererziehung ist ein Beruf,*
*wo man Zeit zu verlieren*
*verstehen muss,*
*um Zeit zu gewinnen."*

Jean-Jacques Rousseau

Sprüche und Sätze von mir unbekannten Autoren:

*„Was deine Kinder auch tun,*
*sie tun es für sich.*
*Nicht gegen dich!"*

„Lerne, ruhig zu bleiben.
Nicht alles benötigt
eine prompte Reaktion deinerseits."

„Mama ich schreie wirklich nicht, um
dich zu verärgern. Ich befinde mich
einfach nur in der Trotzphase."

„Das Schwierige an der Erziehung ist,
sich selbst an die ganzen Regeln
zu halten."

# Quellenangaben


https://www.herder.de/kiga-heute/fachbegriffe/autonomiephase/

https://www.babyartikel.de/magazin/wutanfall-kleinkind-richtig-reagieren

https://www.familienhandbuch.de/babys-kinder/entwicklung/kleinkind/trotz/WiegeheichmitdemTrotzmeinesKindesum.php

https://christopher-end.de/trotzphase-und-autonomiephase/

https://mama-akademie.de/gelassen-durch-die-trotzphase/

https://www.kindererziehung.com/Paedagogik/Entwicklung/Trotzphase.php

https://www.erzieherin-ausbildung.de/praxis/fachpraktische-hilfe-fachtexte/fachartikel-das-kleinkind-und-die-autonmomie-bzw-trotzphase

https://www.kindergartenpaedagogik.de/fachartikel/psychologie/779

http://www.montessori-michelstadt.de/montessoripadagogik/grundprinzipien/innerer-bauplan/

https://www.baby-und-familie.de/Erziehung/Kinder-nicht-mehr-anschreien-So-klappts-519269.html

https://www.soft-skills.com/gewaltfreie-kommunikation/

https://www.beltz.de/fileadmin/beltz/leseproben/978-3-407-62762-9.pdf

https://www.familie.de/kleinkind/emotionale-intelligenz-foerdern/

https://www.kita.de/wissen/reizueberflutung-bei-kindern/

https://www.welovefamily.at/trotzphase-hoch2-wenn-zwillinge-trotzen/

https://www.gesundheit.de/wissen/haetten-sie-es-gewusst/medizinische-begriffe/was-ist-eigentlich-der-oedipuskomplex

https://www.9monate.de/leben-familie/kindererziehung/trotzphase-beim-kind-id100245.html

https://lu-
lukids.educcare.de/fileadmin/ludwigshafen_s/Autonom
iephase__trotz__080729.pdf

https://www.kinder-verstehen.de/wp-
content/uploads/kapitel-7-warum-kinder-trotzen.pdf

# Haftungsausschluss

“Die Verwendung der Information in diesem Buch und die Umsetzung derselben erfolgt ausdrücklich auf eigenes Risiko. Der Autor kann für etwaige Unfälle und Schäden jeder Art, die sich bei den Beziehungen mit anderen Menschen ergeben, aus keinerlei Rechtsgrund die Haftung übernehmen. Haftungsansprüche gegen den Autor für Schäden jeglicher Art, die durch die Nutzung der Informationen in diesem Buch bzw. durch die Nutzung fehlerhafter und/oder unvollständiger Information verursacht wurden, sind ausgeschlossen. Folglich sind auch Rechts- und Schadenersatzansprüche ausgeschlossen. Der Inhalt dieses Werkes wurde mit größter Sorgfalt erstellt und überprüft. Der Autor übernimmt keine Gewähr und Haftung für die Aktualität, Korrektheit, Vollständigkeit und Qualität der bereitgestellten Informationen. Druckfehler können nicht vollständig ausgeschlossen werden. Weiterhin beruht der Inhalt dieses Werkes auf persönlichen Erfahrungen und Meinungen des Autors. Der Inhalt darf nicht mit medizinischer und psychologischer Hilfe verwechselt werden.”

# Impressum


1. Auflage

Kontakt: Elisabeth Reichlmair, Auenstr. 10, 82515 Wolfratshausen
Covergestaltung: Marie-Katharina Wölk

Printed in Poland
by Amazon Fulfillment
Poland Sp. z o.o., Wrocław

70007153R00115